百工千慧

国家文物局 首都博物馆 编

中国文物保护科学和技术成果展

文物出版社

致　辞

中华文明历经五千多年的发展，创造了光辉灿烂的历史文化，留下了丰富多彩的文化遗产。这些弥足珍贵的文化遗产是历史与社会发展的见证、是文化认同的标志、是提高创新能力的源泉。

"十一五"期间，在党中央、国务院的高度重视下，在各有关部门的大力支持下，科学和技术在文物保护领域的重要作用日益凸显，我国文物保护科技进入前所未有的活跃时期，从宏观到微观，从广度到深度，都有了较快的发展。文物保护科技工作以体制机制创新为先导，以制度创新为保障，以跨学科、跨领域、跨行业、跨部门合作为纽带，以重大科技计划为载体，实现了文物保护科技的跨越式发展，行业创新体系初步形成，成为国家创新体系的重要组成部分。

广大文物保护科技工作者勇于实践、刻苦攻关，在系统揭示文化遗产价值、探究中华文明形成及早期发展的特征与规律、现代科学技术在考古领域中的应用、大遗址的保护与管理、馆藏文物保护修复技术与材料、馆藏文物保存环境的监测与控制、传统工艺技术科学化、不可移动文物保护、文物保护技术装备等方面取得了一批具有自主知识产权的研究成果，文物保护科技水平显著提高，若干制约文物事业发展的难点和瓶颈问题得到了有效解决。

《百工千慧——中国文物保护科学和技术成果展》，通过大量实物和图片，以及丰富多彩的数字展示技术，生动展现多年来，尤其是"十一五"期间我国文化遗产保护科技领域取得的丰硕成果，倡导科技理念，提升保护意识，引导社会参与，从而促进我国文化遗产保护事业的可持续发展。

在此，向长期以来在文物保护科技领域辛勤工作并取得卓越成绩的同志们表示崇高的敬意！向所有为展览付出辛勤工作的同志们表示衷心的感谢！

国家文物局局长　单霁翔

"百工千慧——中国文物保护科学和技术成果展"开幕式

参加开幕式的领导参观展览

"百工千慧——中国文物保护科学和技术成果展"展厅

"百工千慧——中国文物保护科学和技术成果展"展厅

"百工千慧——中国文物保护科学和技术成果展"展厅

文物出土现场保护移动实验室

第一单元 全国一盘棋——文物保护科技事业的新格局

在党中央、国务院对文化遗产保护工作高度重视和全社会的共同努力下，在《国务院关于加强文化遗产保护的通知》精神的指导下，我国文化遗产保护法制建设逐渐完善，执法力度不断加强，资金投入持续增多，专业人才队伍迅速壮大，文化遗产保护意识深入民心，我国文化遗产保护取得了显著成效。国家主导、社会参与的文化遗产保护新格局正在形成。

"十一五"以来，我国文化遗产保护科技进入快速发展时期。在继承与创新的基础上，文化遗产保护科技工作以体制机制创新为先导，以制度创新为保障，以跨学科、跨领域、跨行业、跨部门合作为纽带，以重大科技计划和项目为载体，实现了文化遗产保护科技的跨越式发展。

多方协作　联合攻关　科学技术显魅力

科技部、财政部大力支持，相关部门密切合作，我国先后启动实施了一批重大科研项目。文化遗产保护科技水平和创新能力显著提高，若干制约文化遗产事业发展的重点、难点和瓶颈问题得以解决。

"指南针计划"——中国古代发明创造的价值挖掘与展示

民族发展进程中留存的大量珍贵文化遗产是中华文明的重要载体，蕴含着不可替代的历史、艺术和科学价值。为了深入挖掘我国文化遗产的价值，传播和传承我国优秀传统文化，复兴民族创新精神，2006年国家文物局在中央各有关部门的鼎力支持和协助下组织开展"指南针计划"专项活动。

"奇迹天工——中国古代发明创造文物展"开幕式

"指南针计划"进校园——北京大学授旗仪式

"纸的文明展"学生体验现场

学术讲座 　　　　　　　　遗产地考察 　　　　　　　南通蓝印花布博物馆合影

"十一五"国家科技支撑计划项目中的文化遗产保护科研项目

在科技部的大力支持下，"十一五"期间，国家先后设立了文化遗产保护关键技术研究、古代建筑保护技术及传统工艺科学化研究、大遗址保护关键技术研究与开发、中华文明探源工程（二）、石质文物保护关键技术及南京报恩寺地宫出土文物保护关键技术研究等国家科技支撑计划项目。目前，首批启动的4个项目15项课题已全部通过了结项验收，据不完全统计，共研发新技术（工艺）21项，新产品、新材料、新装置36项，获得自主知识产权和专利179项，制定技术标准40项，培养博士、硕士研究生310名，发表文章513篇，出版专著15本。

"十一五"国家科技支撑计划项目一览

《大遗址保护关键技术研究与开发》

●空间信息技术在大遗址保护中的应用研究（以京杭大运河为例）

●土遗址保护关键技术研究

●古代壁画脱盐关键技术研究

●文物出土现场保护移动实验室研究与开发

《古代建筑保护技术及传统工艺科学化研究》

●古代建筑油饰彩画保护及传统工艺科学化研究

●古代建筑保护及琉璃构件传统工艺的科学化研究

●古代建筑保护知识库系统与知识处理关键技术

●古代建筑虚拟修复及WEB表现技术

《文化遗产保护关键技术研究与开发》

●馆藏文物保存环境应用技术研究

●生物化学技术在古代丝织品保护中的应用研究

●铁质文物综合保护技术研究

《中华文明探源工程》

● 3500BC–1500BC中国文明起源与早期发展阶段的考古学文化谱系年代研究

● 3500BC–1500BC中国文明起源与早期发展阶段的环境考古学研究

● 3500BC–1500BC中国文明起源与早期发展阶段的经济技术研究

● 3500BC–1500BC中国文明起源与早期发展阶段的社会与文化研究

《石质文物保护关键技术研究与开发》

●无损或微损检测技术在石窟保护中的应用研究

●石窟水分来源综合探查技术研究

- 石窟岩体结构稳定性分析评价系统的研究
- 石窟危岩体治理关键技术研究
- 石窟文物表面有害污物清除技术研究
- 石质文物防风化保护和施工工艺研究
- 南京报恩寺地宫及出土文物保护关键技术研究

夯实基础　增强内力　合作创新谱新篇

"十一五"期间，文化遗产保护领域的科研组织规模迅速扩大，专业性研究机构数量快速增长，国家级科研机构实力增强，科研基础条件与学者科研能力不断提高，多元化、结构化的科研组织体系和发展模式基本形成。"十一五"期间，文物保护领域以重大科技项目为纽带，大力整合社会优质科技资源，科研组织规模不断扩大，科技基础条件明显改善，科研团队建设成效显著，多元化、结构化的科研组织体系和发展模式基本形成。

国家级科研机构实力增强。中国文化遗产研究院实现了改所建院，创新活力和创新动力不断提高，并向着国家级文物保护科技中心平台的方向迈进；"古代壁画保护国家工程技术研究中心"正式成立，并在相关省份设立了工作站，有效扩大了科技成果的辐射范围；依托文博单位、高等院校和科研院所分4批设立的17家行业重点科研基地，成为整合文物保护及其他相关领域创新资源、培育创新人才、开展科技攻关和学术交流的重要平台。

国家文物局与中国科学院积极探索全方位的战略合作，针对文物保护的重大需求，着力打造考古调查发掘、古代建筑保护、大遗址保护、水下文化遗产保护、馆藏文物保护、博物馆环境控制、文化遗产展示应用等7大技术创新平台；与中国科学技术协会开展了战略合作，利用其全国专业技术协会的资源优势，推动了文物保护科技研究和科学普及。此外，创新联盟建设试点工作正式启动，国家文物局与浙江省人民政府签订了国家文化遗产保护科技区域创新联盟（浙江省）共建协议，有效整合和发挥了中央与地方在政策、组织和技术等方面的优势；陶质彩绘文物保护专业技术创新联盟签约运行，实现了研发链条各环节间的优势互补。

文化遗产保护领域的科研组织体系和发展模式
中国文化遗产研究院

中国文化遗产研究院实现了改所建院的重大转变，创新活力和创新动力不断提高，并向着国家级文物保护科技中心平台的方向迈进。

中国文化遗产研究院是国家文物局直属的国家级文化遗产保护科研机构。"十一五"期间，初步形成了自然科学、技术科学和社会科学交叉融合的文物保护专业体系，拥有一批先进的科研仪器，各类修复、分析检测实验室占地面积1700平方米，承担科技部、国家自然科学基金等课题20项，承担国家文物局指南针计划、标准化等各类课题100余项，经费达5274万元，承担文物保护工程项目近300项。

2008年2月18日中国文化遗产研究院揭牌

中国文化遗产研究院围绕文化遗产保护事业发展需求，根据自身条件及文化遗产保护形势，坚持应用技术研发和文物保护实际需求相结合，发挥古建筑、岩土和壁画保护等传统优势及海洋出水文物保护、软科学研究和教育培训等新兴优势，通过院内自主课题等渠道筹集资金开展研究工作，强化科研成果对工程项目的支撑作用，提高工程项目科技含量，提高科研课题及工程项目数量与质量。

国家文物局重点科研基地

●古代壁画保护国家文物局重点科研基地（敦煌研究院）

2004年9月，国家文物局批准的古代壁画保护国家文物局重点科研基地成立，依托单位为敦煌研究院。2005年11月正式挂牌运行。科研基地的主要研究方向为古代壁画及土遗址保护，主要研究内容有壁画、彩塑制作材料的分析研究；壁画病害机理研究、壁画修复工艺、修复材料的研发；壁画附存环境监测、调查研究；石窟、土遗址保护加固技术与加固材料的研究；计算机技术在壁画与土遗址保护中的应用研究、壁画数字化存贮；石窟、土遗址保护加固工程技术规范、技术标准的研究、编制；石窟、土遗址保护科研技术的转化、信息交流、服务咨询、教育等方面的研究。古代壁画保护国家文物局重点科研基地是集壁画保护科研、技术开发与成果转化、标准化研究、咨询服务、数字化存贮、人才培养为一体，兼顾古代土建筑遗址保护的科研机构，以"建设一流科研环境，培养一流科技保护人才，做出一流保护科研成果"为目标，以服务于我国壁画及土遗址保护研究与应用实践为宗旨。

国家古代壁画保护工程技术研究中心挂牌

●出土木漆器保护研究国家文物局重点科研基地（湖北省博物馆）

出土木漆器保护国家文物局重点科研基地是国家文物局首批重点科研基地之一，于2005年3月成立，2005年8月2日挂牌。依托单位为湖北省博物馆，共建单位为荆州文物保护中心，组织单位为湖北省文物局。基地是从事出土木漆器保护技术研究与应用推广的专业机构，为国家文物局批准成立的首批三家重点科研基地之一。作为组织高水平的出土木漆器保护基础研究和应用基础研究、聚集和培养优秀人才、开展学术交流的重要载体，基地承担着推动科技创新、提高自主创新能力的重要使命和任务。

荆州市文物保护技术研究中心大楼大门

●陶质彩绘文物保护国家文物局重点科研基地（秦始皇兵马俑博物馆）

陶质彩绘文物保护国家文物局重点科研基地为首批三家重点科研基地之一，2004年12月由国家文物局批准成立，

第二届秦俑及彩绘文物保护与研究国际学术研讨会开幕式

陶质彩绘文物修复保护培训班

2005 年 10 月 21 日正式揭牌运行。依托单位为秦始皇兵马俑博物馆,组织单位为陕西省文物局。基地采用"开放、流动、联合、竞争"的运行机制,实行国家文物局宏观管理、陕西省文物局具体组织、秦俑博物馆领导下的主任负责制和课题管理制。主要研究方向为陶质彩绘及相关文物保护修复方向的基础理论和应用技术研究。

● 文化遗产保护规划国家文物局重点科研基地(中国建筑设计研究院)

　　文化遗产保护规划国家文物局重点科研基地成立于 2005 年 11 月, 2008 年 1 月 10 日正式挂牌运行。依托单位为中国建筑设计研究院,运作和发展的主要技术支撑部门为院属建筑历史研究所。文化遗产保护规划国家文物局重点科研基地以整体保护、和谐发展、集成创新为指导思想,重点研究文化遗产、特别是国家重大文化遗产(含世界文化遗产)保护规划的理论体系与技术规范,探讨和创新多学科、多层次、多领域综合集成的规划技能,组织文化遗产保护规划学术交流,开展规划理念和专业技术培训,为推进我国文化遗产保护规划理论、技术水平和整体提升提供科研平台。

文化遗产保护规划国家文物局重点科研基地挂牌成立

● 砖石质文物保护研究国家文物局重点科研基地(西安文物保护修复中心)

　　砖石质文物保护国家文物局重点科研基地为国家文物局批准成立的第二批重点科研基地之一,2006 年由国家文物局批准成立。依托单位为西安文物保护修复中心,共建单位为西安文物保护修复中心,陕西省考古研究院和西北大学。

科研基地揭牌

砖石质文物保护中心外景

组织单位为陕西省文物局。本基地以出土砖石文物、馆藏石质文物、古建砖石建筑构件等为主要对象,重点进行其保护方法、技术规范和新材料开发评估等研究。通过与国内外文物保护机构、科研院所合作,跟踪当今先进的砖石质文物保护理论、技术、材料和方法,在引进消化的基础上,开发关键性、原创性的技术和材料,结合国家重点科研项目和专项任务,开展基础研究、应用研究,以及砖石质文物保护示范工程的实施,解决砖石质文物保护工作中遇到的技术难题。成为在国内外具有一定影响的砖石质文物保护研究基地、高级科研人才培养基地和学术活动中心。

● 馆藏文物保存环境国家文物局重点科研基地(上海博物馆)

　　馆藏文物保存环境国家文物局重点科研基地于 2005 年 11 月由国家文物局批准设立,上海市文物管理委员会组织管理,依托单位为上海博物馆,依照"保护为主、抢救第一、合理利用、加强管理"的文物工作方针和"自主创新、重点跨越、全面支撑、引领未来"的科技工作方针,围绕我国博物馆文物保存环境科学和技术发展战略,针对该领域的重大科技问题,

文物保护行业标准推广实施培训班合影照片

开展创新性研究。科研基地的主要研究方向为馆藏文物保存环境的基础科学和应用技术。2008年3月28日，上海博物馆举行科研基地揭牌仪式，基地工作正式开展。

● 空间信息技术在文化遗产保护中的应用研究国家文物局重点科研基地（清华大学）

空间信息技术在文化遗产保护中的应用研究国家文物局重点科研基地，是国家文物局于2008年2月批准设立的第三批重点科研基地之一，基地依托单位为清华大学，组织单位为北京市文物局。基地重点研究空间信息技术在文化遗产保护各环节，如遗产调查、考古研究、保护规划、管理决策、遗产检测、宣传展示中的应用方法。基地研究的总体目标是利用空间信息技术建立文化遗产保护的时空网格。主要包括5个研究内容与方向：文化遗产保护理论与技术研究、传统建筑测绘与古建筑修复技术研究、GIS与VR在文化遗产保护中的应用研究、遥感考古及RS技术在文化遗产保护中的应用、GPS技术及其在文化遗产保护中的应用研究。

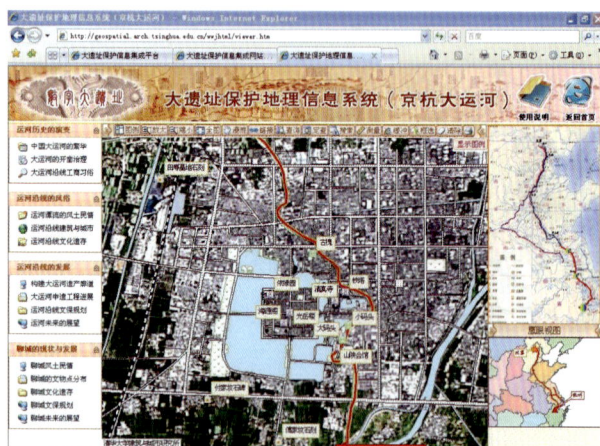

大遗址保护地理信息系统（京杭大运河）

● 文物建筑测绘研究国家文物局重点科研基地（天津大学）

2008年3月，国家文物局批准成立文物建筑测绘研究国家文物局重点科研基地。基地依托单位为天津大学，组织单位为天津市文物局。基地的总体定位是在国家的文物建筑测绘记录和信息管理体系领域中进行理论、政策、管理和技术等方面的基础研究和应用开发，提供相应的政策咨询和技术支撑，建构、充实和完善具有中国特色的文物建筑测绘与记录研究体系，谋求文物建筑信息记录和保存的真实性、完整性、连续性、易用性及规范化。

天津大学文物建筑测绘研究成果展

●古陶瓷科学研究国家文物局重点科研基地（中国科学院上海硅酸盐研究所）

古陶瓷科学研究国家文物局重点科研基地为2008年2月经国家文物局批准成立的第三批重点科研基地之一。依托单位是中国科学院上海硅酸盐研究所，组织单位是上海市文物管理委员会。基地紧紧围绕中国古陶瓷科技研究的战略需求，开展相关的基础及应用研究工作，使基地在研究、人才、技术、装备、成果转移、科普、对外交流等方面尽快成为国家古陶瓷科技研究的核心平台。

古陶瓷科学研究国家文物局重点科研基地挂牌仪式

●古陶瓷保护研究国家文物局重点科研基地（故宫博物院）

古陶瓷保护研究国家文物局重点科研基地于2008年2月批准成立，2009年12月正式挂牌。依托单位为故宫博物院，组织单位为北京市文物局。科研基地总体定位为面向古陶瓷研究领域的重大科技问题，开展科技方法的应用研究和多学科方法的综合研究。主要研究方向为：古陶瓷的价值揭示，工艺、产地、年代、真伪、保护研究。科研基地密切关注陶瓷考古发现，着力解决古陶瓷研究领域的焦点、难点问题，力争把基地建设获得的经验和研究成果向全国辐射，为行业发展贡献力量。

古陶瓷保护研究国家文物局重点科研基地揭牌仪式

●博物馆数字展示研究国家文物局重点科研基地（湖南省博物馆）

2008年2月，国家文物局正式批准成立博物馆数字展示研究国家文物局重点科研基地。本基地由国家文物局宏观管理、湖南省文物局组织管理，依托单位为湖南省博物馆。本基地是一个跨越博物馆、教育、历史、信息技术、大众传媒等多个学科领域，利用最新的数字信息技术，研究博物馆数字展示的基础理论和应用技术，以向全社会进行文化遗产知识的普及、宣传、传承为己任的研究、服务、推广平台。科研基地不仅研究博物馆数字展示的技术手段，

与中国移动湖南分公司的研讨会

更重要的是要将其升级为文化遗产保护领域的数字化应用和服务的研究，通过完成和推广一系列有应用价值、有社会影响的科研项目，实现文化遗产服务于国民整体素质教育的根本目的。

●金属与矿冶文化遗产研究国家文物局重点科研基地（北京科技大学）

2008年国家文物局批准设立金属与矿冶文化遗产国家文物局重点科研基地，依托单位为北京科技大学，组织单位为北京市文物局。本基地的总体定位是开展全国范围内的金属与矿冶文化遗产的研究与保护工作，配合历史学、考古学及科技史领域里的重大课题，带动重点地区重点研究对象的研究，为学术研究提供科学研究论据，推动中国金属与矿冶文化遗产研究方面的进步。

金属与矿冶文化遗产研究国家文物局重点科研基地大楼

基地资料室

●金属类文物保护国家文物局重点科研基地（中国国家博物馆）

金属类文物保护重点科研基地 2010 年成为国家文物局重点科研基地。本基地实行国家文物局宏观管理、北京市文物局组织管理和国家博物馆运行管理。基地的研究方向为通过现代科学仪器分析深入研究各种质地金属文物的腐蚀机理,各种环境影响因素及保护修复方法、材料和实施工艺,研究预防性保护监测机制和保护措施。本基地工作人员 38 人,保护中心实验修复室面积 1200 平方米,另有价值 4000 万的分析检测设备。

●纺织品文物保护国家文物局重点科研基地（中国丝绸博物馆）

纺织品文物保护国家文物局重点科研基地 2010 年成为国家文物局重点科研基地。依托单位为中国丝绸博物馆,研究方向为纺织品文物保护。以"基础宽厚、业务精专"为指导,重点开展纺织品文物检测与保存环境研究、纺织品文物保护关键技术研究、传统工艺在保护中的应用研究。

●动植物考古国家文物局重点科研基地（中国社会科学院考古研究所）

动植物考古国家文物局重点科研基地 2010 年成为国家文物局重点科研基地。研究方向是动物考古和植物考古。下设动物考古、植物考古、木材研究、DNA 分析、同位素分析和微量元素分析 6 个实验室。曾在 80 余处考古遗址开展过动植物考古研究,获得并收藏可鉴定的动物骨骼 15 万余块,各种炭化植物种子数百万余粒,并据此对农业起源、古代社会获取食物方式、动植物在古代社会精神文化中的作用等一系列学术问题开展研究。

●考古年代学国家文物局重点科研基地（北京大学）

考古年代学重点科研基地 2010 年成为国家文物局重点科研基地。本基地设年代测定技术与方法和考古年代学研究两大方向,成员 25 人,面积 2000 平方米,设备总额 2500 万元。目前开展碳十四、热释光、光释光、钾氩和氩氩法测年技术研发及基础理论研究,以及年代测定与考古学文化谱系的整合的考古年代学研究。

●考古发掘现场文物保护国家文物局重点科研基地（陕西省考古研究院）

考古发掘现场文物保护重点科研基地 2010 年成为国家文物局重点科研基地。本基地立足于考古发掘现场文物保护的科研工作;现有专业实验室 4 个、专用现场保护抢救车 1 辆,科研人员 60 名,其中高职 40 名;在各类材质文物的现场保护(包括遗迹等)及其原真信息提取方面,比如壁画墓葬的整体搬迁、实验室内微观发掘等方面均取得了一定的成绩,也积累了丰富的经验。

创新联盟

●文化遗产保护科技区域创新联盟

　　国家文化遗产保护科技区域创新联盟（浙江省，以下简称"区域创新联盟"）是在国家文物局和浙江省政府的领导下，由浙江省文物博物馆单位、高等院校、科研院所和相关企业共同建立的区域性跨学科、跨领域、跨行业、跨部门的文化遗产保护技术创新战略合作组织。区域创新联盟以体制机制创新为先导，以浙江省文化遗产保护的重大需求为牵引，以提升浙江省文化遗产保护技术创新能力为主线，以着力创建文化遗产保护领域具有重大影响的技术研发、资源共享、成果转化、人才孵化和新兴产业培育的

首家文化遗产保护科技区域创新联盟签约

5大平台为发展目标。区域创新联盟成员单位在系统分析浙江地区文化遗产保护存在的重点、难点和瓶颈问题的基础上，结合国家文化遗产保护科技的重大需求，提出了纺织品文物保护科学和技术研究，饱水木质文物脱水定型技术综合研究，潮湿环境砖、石、土质文物保护技术研究，地下文物遗存信息探测和发掘记录技术研究，博物馆环境控制研究，江南文物建筑安全及保护技术研究等6大研究方向。

●陶质彩绘文物保护技术创新联盟

　　为加强陶质彩绘文物保护技术创新，由秦始皇兵马俑博物馆、中国科学院上海硅酸盐研究所、中国科学院上海有机化学研究所牵头，联合中国科学院上海光学精密机械研究所、西安文物保护修复中心参加的"陶质彩绘文物保护技术创新联盟"签字仪式于2009年10月15日在上海举行。

陶质彩绘文物保护技术创新联盟签约

　　"陶质彩绘文物保护技术创新联盟"将本着"开放、流动、联合、互补"的原则，建立长期稳定、优势互补的战略合作关系，通过强强联合、通力合作，探索并建立文博单位、科研院所、高等学校的技术创新合作机制，搭建陶质彩绘文物保护技术创新协作平台。创新联盟的建立，将有助于研究资源整合，致力于陶质彩绘文物保护的共性和关键技术研发、装备升级、人才队伍建设、科技成果转化，以及国际交流与合作，为解决陶质彩绘文物保护的重点、难点、瓶颈问题提供科技支撑，促进陶质彩绘文物保护科技的跨越式发展。

建章立制　强化标准　规范管理保发展

　　"十一五"期间，文化遗产保护科技工作逐步形成了依靠法规强化管理、依靠规划引导管理、依靠标准规范管理和依靠技术手段辅助管理的科技管理模式。科技管理机构得到加强，行业科技管理制度体系日趋完善，科研管理水平显著提高，国家财政用于文物保护科技的经费大幅提高，有力保障了文化遗产保护科技事业的快速发展。

文物保护标准化技术委员会召开年会暨标准审查会

国家文物局已颁布的规范性文件

名称	施行时间
文物保护科学和技术研究课题管理办法	2003.9
文物保护科学和技术研究课题招标评标暂行办法	2003.11
文物保护科学和技术创新奖励办法（试行）	2004.7
国家文物局重点科研基地管理办法（试行）	2004.8
文物保护行业标准管理办法（试行）	2004.9
文物保护科学和技术研究课题评审程序暂行规定	2005.8
文物保护科学和技术评审与咨询专家管理办法（试行）	2005.8
国家文物局二级域名管理办法	2006.12
文化遗产保护领域国家科技支撑计划课题管理暂行办法	2007.4
文化遗产保护领域国家科技支撑计划第三方机构评估咨询管理暂行办法	2007.4
国家文物局重点科研基地运行评估规则	2007.5

文物保护国家标准（2008——2010）

序号	标准号	标准名称	起草单位
1	GB/T 22527-2008	文物保护单位标志	敦煌研究院
2	GB/T 22528-2008	文物保护单位开放服务规范	敦煌研究院
3	GB/T 23862-2009	文物运输包装规范	秦始皇兵马俑博物馆
4	GB/T 23863-2009	博物馆照明设计规范	中国建筑科学研究院

文物保护行业标准（2007——2010）

序号	标准号	标准名称	起草单位
1	WW/T 0001-2007	古代壁画病害与图示	敦煌研究院
2	WW/T 0002-2007	石质文物病害分类与图示	西安文物保护修复中心
3	WW/T 0003-2007	馆藏出土竹木漆器类文物病害分类与图示	荆州文物保护中心
4	WW/T 0004-2007	馆藏青铜器病害与图示	中国国家博物馆
5	WW/T 0005-2007	馆藏铁质文物病害与图示	中国国家博物馆
6	WW/T 0006-2007	古代壁画现状调查规范	敦煌研究院
7	WW/T 0007-2007	石质文物保护修复方案编写规范	西安文物保护修复中心
8	WW/T 0008-2007	馆藏出土竹木漆器类文物保护修复方案编写规范	荆州文物保护中心
9	WW/T 0009-2007	馆藏金属文物保护修复方案编写规范	中国国家博物馆
10	WW/T 0010-2008	馆藏金属文物保护修复档案记录规范	中国国家博物馆
11	WW/T 0011-2008	馆藏出土竹木漆器类文物保护修复档案记录规范	荆州文物保护中心
12	WW/T 0012-2008	石质文物保护修复档案记录规范	西安文物保护修复中心
13	WW/T 0013-2008	馆藏丝织品病害与图示	中国丝绸博物馆
14	WW/T 0014-2008	馆藏丝织品保护修复方案编写规范	中国丝绸博物馆
15	WW/T 0015-2008	馆藏丝织品保护修复档案记录规范	中国丝绸博物馆
16	WW/T 0016-2008	馆藏文物保存环境质量检测技术规范	上海博物馆
17	WW/T 0017-2008	馆藏文物登录规范	秦始皇兵马俑博物馆
18	WW/T 0018-2008	馆藏文物出入库规范	秦始皇兵马俑博物馆
19	WW/T 0019-2008	馆藏文物展览点交规范	秦始皇兵马俑博物馆
20	WW/T 0020-2008	文物藏品档案规范	中国文化遗产研究院
21	WW/T 0021-2010	陶质彩绘文物病害与图示	秦始皇兵马俑博物馆
22	WW/T 0022-2010	陶质彩绘文物保护修复方案编写规范	秦始皇兵马俑博物馆
23	WW/T 0023-2010	陶质彩绘文物保护修复档案记录规范	秦始皇兵马俑博物馆
24	WW/T 0024-2010	文物保护工程文件归档整理规范	浙江省古建筑设计研究院
25	WW/T 0025-2010	馆藏纸质文物保护修复方案编写规范	南京博物院
26	WW/T 0026-2010	馆藏纸质文物病害分类与图示	南京博物院
27	WW/T 0027-2010	馆藏纸质文物保护修复档案记录规范	南京博物院
28	WW/T 0028-2010	砂岩质文物防风化材料保护效果评估方法	西安文物保护修复中心
29	WW/T 0029-2010	长城资源要素分类、代码与图式	中国文化遗产研究院
30	WW/T 0030-2010	古代建筑彩画病害与图示	西安文物保护修复中心
31	WW/T 0031-2010	古代壁画脱盐技术规范	敦煌研究院
32	WW/T 0032-2010	古代壁画地仗层可溶盐分析的取样与测定	敦煌研究院
33	WW/T 0033-2010	田野考古出土动物标本采集及实验室操作规范	中国社会科学院考古研究所

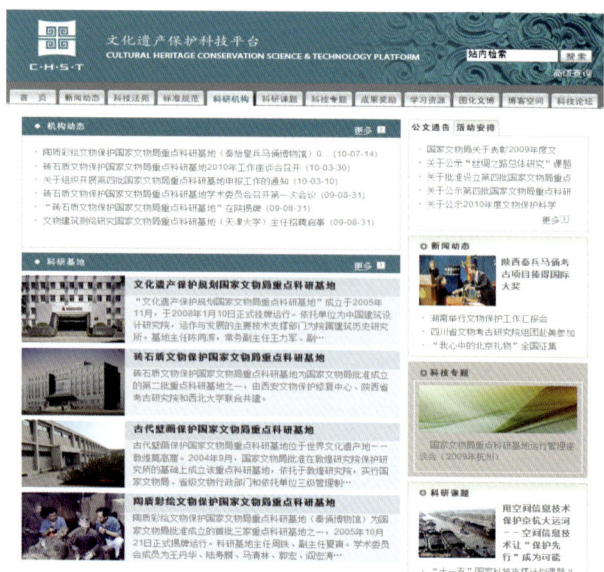

"文化遗产保护科技平台"页面

　　文化遗产保护科技平台（以下简称科技平台）是国家文物局推进行业信息化建设的重要组成部分。自 2007 年改版以来，科技平台在科技政策发布、科技成果宣传，以及科普教育等方面发挥了重要作用，有效促进了文化遗产保护领域科技信息的传播和共享。

第二单元 永恒的五行——文物保护科技的创新

文物主要分为可移动和不可移动两个大类。我国有大量可移动文物，其中馆藏文物近 2616 万件（套），不可移动文物包括古建筑、古遗址、古墓葬、石窟寺及石刻、近现代重要史迹及代表性建筑，登记在册的有 90 余万处，其中全国重点文物保护单位 2352 处，世界遗产 40 处。两者均有相当部分遭遇不同程度的腐蚀和病害，形势十分严峻。

根据国家开展的"全国馆藏文物腐蚀损失调查"结果显示，可移动文物特别是出土文物，普遍存在材质脆弱、老化，甚至严重腐蚀的现象，加之许多考古发现的出土文物，在出土后环境发生巨大变化，更是加速了文物的腐蚀。据统计，国有文物收藏保管单位的 50.66% 馆藏文物存在中度以上的腐蚀损害，其中重度以上腐蚀文物占 16.5%。以金属文物为例，病害种类达 10 多种。中度腐蚀占 42.92%，重度以上腐蚀达 16.62%。

第一部分 金属文物保护

秦始皇陵俑一号铜车马

古代金属文物是人类文明的历史产物之一，是研究人类历史、文化、艺术和古代冶金铸造技术极其重要的实物资料。作为中华文明发展历程的有力佐证，以青铜器和铁器为代表的中国古代金属文物，在世界上拥有巨大的影响，也是人类文化遗产宝库的重要组成部分。青铜器和铁器容易受环境因素影响，造成腐蚀损失，产生矿化、穿孔、变形、开裂、残损等病害，降低了文物原有的美学价值和稳定性。针对上述现象，"十一五"期间开展了铁质文物综合保护技术研究，研发了出土金银饰铁器和高度矿化的青铜器保护修复的关键技术。

铁质文物的主要病害

腐蚀变形

铁器表面锈蚀层崩裂

辽代铁质马蹀躞带饰腐蚀图

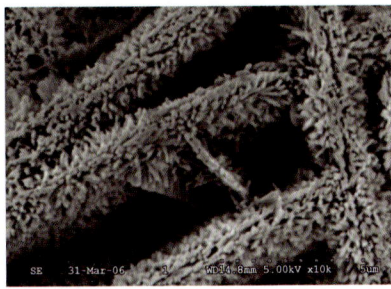

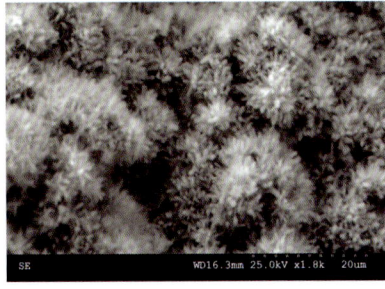

铁质文物有害盐的微观结构决定了其极易导致铁质文物腐蚀加剧

青铜文物的主要病害

青铜器表面粉化

江西新干出土青铜镈尖部断面高度矿化

铁质文物综合保护技术研究

　　针对金属铁化学性质极为活泼，易与环境因素发生作用，结构疏松，易于产生吸湿腐蚀等病害，"十一五"国家科技支撑计划设立"铁质文物综合保护技术研究"重点课题，中国文化遗产研究院、中国国家博物馆、北京科技大学等单位的科研人员，联合攻关研发了铁质文物除锈、去除有害盐、缓蚀和封护的新材料与新工艺，制订了相关行业标准规范，开展了保护示范工作。

室外大型环保循环回收式喷砂机

手提式环保循环回收式喷砂机

1、除锈

2、清洗

3、封护

铁钟喷砂除锈前后对比

金银外饰铁器的保护

    针对金银装饰铁器外表被土锈、瘤状锈等锈蚀包裹的现状，中国国家博物馆组织研发筛选了相应的软化保护材料和保护技术，应用于内蒙古出土的辽代错金银铁器、甘肃张家川出土的战国贴金银铁器的保护处理，有效保护了文物的真实性和完整性，并充分揭示出其蕴含的丰富价值。

节约
辽代
铁质，错金银
内蒙古赤峰县西精大菅子村出土
内蒙古博物院藏

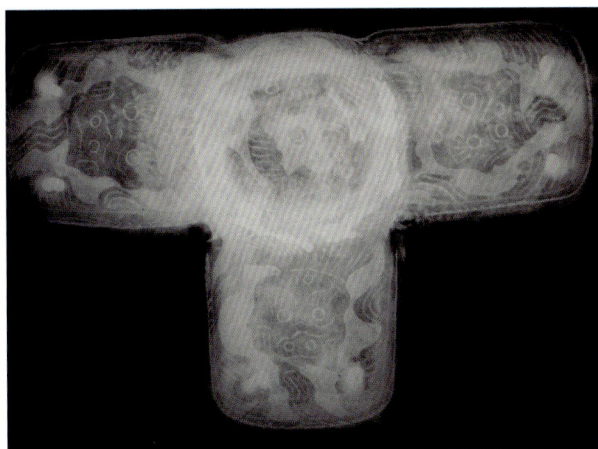

"节约"X光探伤图片

"节约"修复前

亚腰贴金铁车构件
战国
甘肃张家川墓地出土
甘肃省文物考古研究所藏

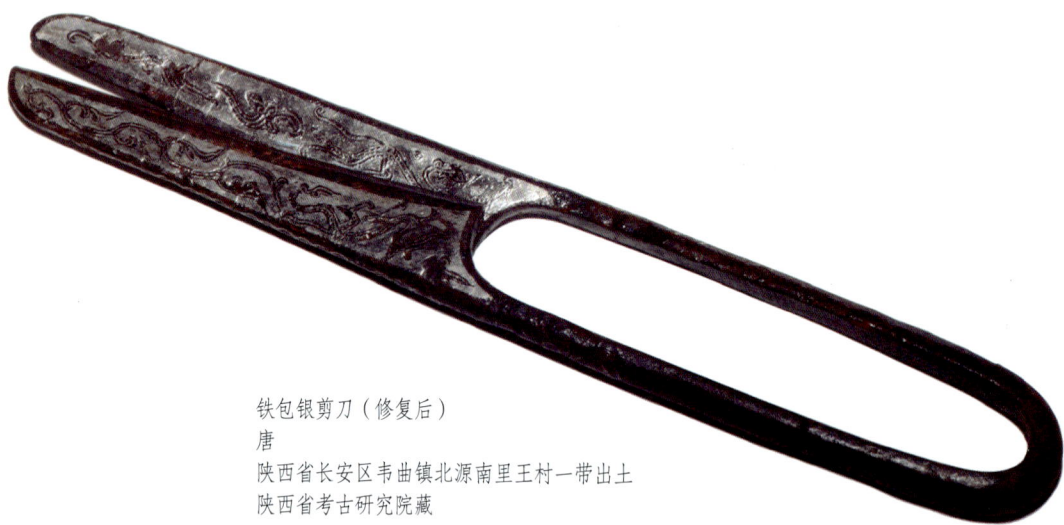

铁包银剪刀（修复后）
唐
陕西省长安区韦曲镇北源南里王村一带出土
陕西省考古研究院藏

铁包银剪刀（修复前）

高度矿化的青铜器保护

　　针对一些青铜器器形完整但表层粉化、内部腐蚀矿化的问题，文物保护工作者通过现代分析手段，深入研究器物腐蚀状况，研发出具有针对性的加固保护技术，应用于浙江瓯海以及江西新干出土青铜器的保护。

浙江瓯海高度矿化青铜剑加固保护与修复前后对比

第二部分　陶质彩绘文物保护

秦始皇兵马俑一号坑

作为人类最早的发明创造之一，陶质彩绘文物具有起源早、分布广、发展时间长、艺术成就高的特点，被人们称为艺术中的艺术。在中华文明的发展过程中，陶器尤其是彩绘陶器扮演了极其重要的角色，典型陶器及其彩绘纹饰已经成为重要时代文化的代表符号，其内涵十分丰富，功能极为广泛，渗透于物质生活、精神生活以及社会生活的各个方面，见证了中华文明的发展历程，是具有中华民族鲜明特征的历史文化遗产。由于受埋藏或保存环境中有害因素的影响，陶质彩绘文物容易产生胶结层老化、胶结层剥离、颜料层脱落或起翘，甚至表面彩绘粉化等病害。"十一五"期间，科研人员针对陶质彩绘文物的碎裂和彩绘脱落起翘等病害开展了联合攻关，研发了相应的修复技术和固色保护材料与工艺，并在此基础上提出了保护修复规范。

彩绘起翘

酥粉

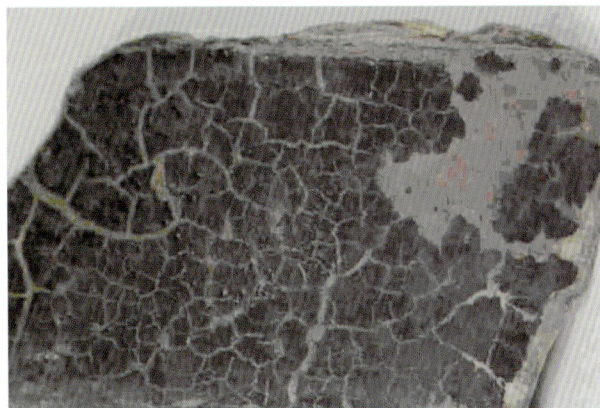
龟裂

彩绘脱落

馆藏陶质彩绘文物的主要病害

秦始皇帝陵出土彩绘陶俑保护

　　针对陶质彩绘文物彩绘脱落、起翘等病害，陶质彩绘文物保护技术创新联盟研发了彩绘层加固、保护材料与工艺，并在秦始皇陵出土彩绘陶俑的保护中成功应用。

彩绘层加固保护后的彩绘秦俑样品

秦俑漆皮彩绘层加固保护前后对比

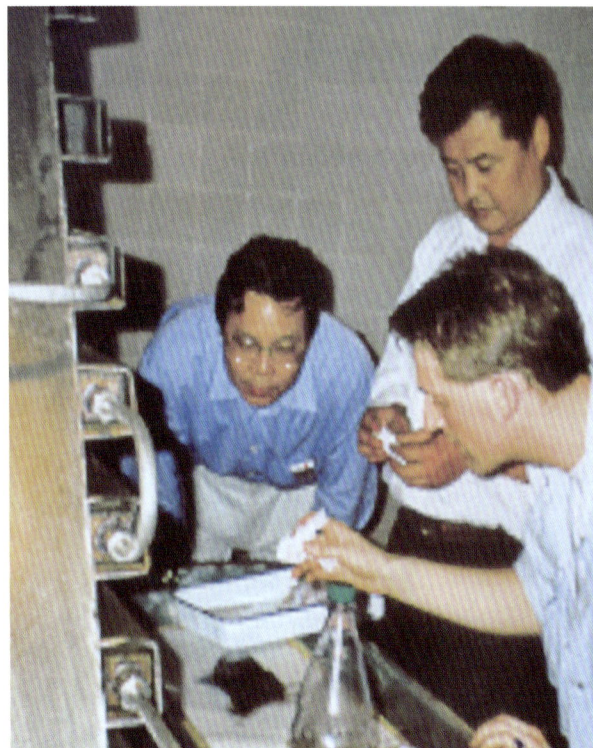

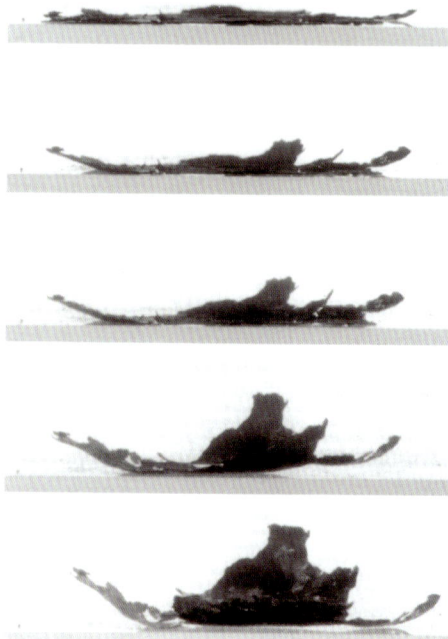

秦始皇兵马俑博物馆的科技人员在研究秦俑漆皮彩绘层的加固保护

在环境条件改变时，出土秦俑彩绘层起翘劣变的剧烈变化过程。这是秦俑彩绘生漆底层从100%相对湿度环境移入60%相对湿度后4分钟的变化情况（自上而下）。在这种情况下若不及时采取加固保护措施，文物彩绘将会遭受灭顶之灾。

彩绘跪射俑
秦
秦始皇兵马俑二号坑东北部出土
秦始皇兵马俑博物馆藏
　　此俑属于跪射俑军阵，是迄今秦兵马俑发掘出土的唯一一件绿脸俑。

汉代彩绘陶俑陶器的保护修复

　　针对陶质彩绘文物残断或碎裂病害发生的现状，秦始皇兵马俑博物馆、青州博物馆、中国文化遗产研究院、中国国家博物馆联合研发了彩绘陶俑陶器的修复技术，应用于山东青州香山汉墓陪葬坑出土的彩绘陶俑陶器的保护修复。

彩绘陶马
西汉
2006 年山东青州谭坊香山汉墓出土
青州博物馆藏

　　该马俑领首挺胸，双耳直立，两眼圆睁外突，嘴部微张，背脊微凹，臀部圆厚，体型健硕，全身彩绘纹饰精美。

彩绘陶马
西汉
2006 年山东青州谭坊香
山汉墓出土
青州博物馆藏

五层彩绘陶仓楼
西汉晚期
河南省焦作市白庄墓群 122
号墓出土

由院落、仓体、楼
体组成，各部件可以折
卸组合。陶仓楼的楼层
正面加开门洞、窗户，
在门窗、回廊周围雕刻
出各种几何图案加以装
饰，施以彩绘，陶仓楼
的院落、楼体通体饰以
网状纹、几何纹、圆点
纹、青鸟及常青树等图
案，体现了汉代崇尚豪
华的社会风气。

第三部分　纺织品文物保护

修复后的马连良戏服

　　最早的纺织品可以追溯到新石器时期。考古工作者发现了商周时期的大量纺织品及相关文物，获得了珍贵的纺织文物和粘附在器物上的织物残痕。我国馆藏纺织品文物以丝织品为主，丝织品由丝蛋白纤维制成，易受环境因素影响，遭受各种污染，发生生物、化学和物理降解，产生腐烂、板结、粘连、脆化、断裂、糟朽、变色，黄化和理化性能劣变等病害。针对存在的上述问题，近年来研发了应用于丝织品文物清洗与保护修复的生物化学技术、丝蛋白复合体系仿生加固技术。

馆藏出土丝织品的主要病害及扫描电镜显微照片

板结

粘连

血迹与霉斑的污染

糟朽和粉化

无机盐类污染物

有机类污染物

脂肪类污染物

丝织品纤维粘连

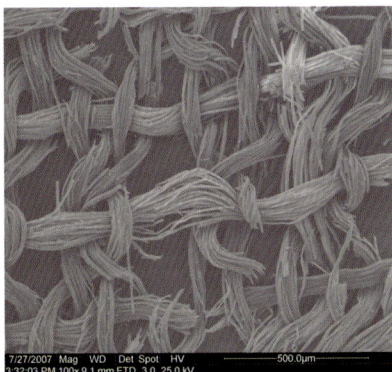

丝织品纤维扭曲

丝织品纤维表面刻蚀坑

生物化学技术在古代丝织品保护中的应用

针对丝织品文物板结、脆化、粘连、断裂，以及易遭受盐类、血迹与霉斑污染的情况，荆州文物保护中心"十一五"国家科技支撑计划课题"生物化学技术在古代丝织品保护中的应用研究"，筛选优化出可分泌与蚕丝材质近似的菌种，对古代脆弱丝织品加固，同时研发出清洗去除丝织品污染物的专性生物酶技术，并应用于荆州谢家桥出土的车盖、幡和荒帷的清洗与加固保护。

车盖
西汉
湖北省荆州谢家桥 M1 出土
荆州博物馆藏

墨绘缘刺绣绢幡
西汉
湖北省荆州谢家桥一号墓出土
荆州博物馆藏

荆州谢家桥出土丝织品幡清洗前与清洗过程中

锦缘绢地乘云绣荒帷
西汉
湖北省荆州谢家桥一号墓出土
荆州博物馆藏

　　锦缘绢地乘云绣荒帷出土时用作覆盖木棺的棺罩，又称荒帷。其四周由对兽对鸟几何纹锦作缘，中间主要部分由绢地乘云绣制成，锦绣合一，奢华无比。如此高等级和保存完好的汉代荒帷还是第一次出土，其保护和修复工作难度很大，先用生物方法加固，再用针线法修复，体现出现代高科技与传统修复工艺的完美结合。

荒帷刺绣红色绢地组织结构图

乘云绣纹样图

荒帷刺绣局部

对兽对鸟几何纹锦

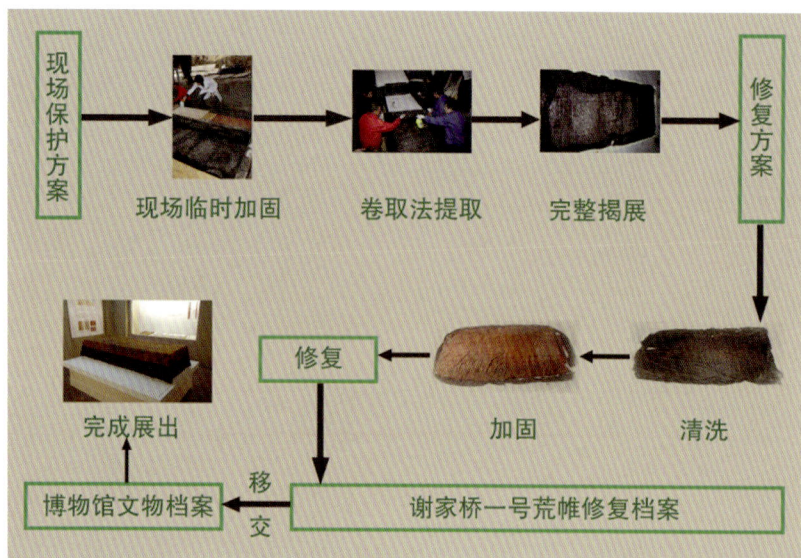

利用生物化学技术处理荆州谢家桥出土丝织品流程图

糟朽丝织品的丝蛋白复合体系仿生加固

  针对馆藏丝织品的糟朽和粉化，中国丝绸博物馆开展的"糟朽丝织品丝蛋白复合体系仿生加固"和"基于丝绸文物修复的薄型丝织物研究与开发"项目，利用丝蛋白添加助剂研发出复合仿生加固技术，选用细旦桑蚕丝开发出文物修复用薄透型丝织品材料——绡丝纱，重新修补了断裂的蚕丝，部分恢复了丝织品的物理性能，实现了丝织品文物的长久保存与展示利用。

经过加固的辽代黄地飞鹭卷云团花纹锦

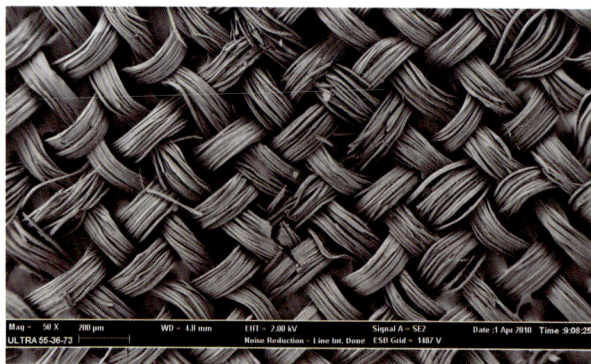

人工老化丝织品样本加固前后结构对比

  原本一触即碎的文物经过丝蛋白复合体系加固，断裂强力有显著的提高，并能够折叠。

第四部分　竹木漆器保护

彩漆鼎　湖南长沙马王堆一号墓出土

出土古代简牍和漆器多以竹木为材，极易遭受埋藏或保存环境的影响，导致竹木纤维细胞中的部分物质降解，虽然可以维持原有器型，但往往产生器物饱水、糟朽、变形、开裂、漆层起翘、黑变或字迹漫漶等病害。针对上述问题，文物保护科技工作者研发了用于清洗、脱色、脱水、整形、置换充填和加固修复等保护修复技术和材料，使器物在室内环境下长久保存。

出土古代竹木漆器的主要病害

糟朽　　　　　　　　　　变形　　　　　　　　　　变色　　　饱水

33

竹木简牍的保护修复

针对馆藏竹简和木牍发生糟朽、变色、饱水的情况，荆州文物保护中心研发了十六醇置换充填和加固修复技术、黑变竹木简的脱色保护技术、竹木漆器脱水加固的新技术，从而完成了长沙走马楼三国吴简的脱色和脱水加固保护。

十六醇在竹简内的填充状况

走马楼三国吴简脱色保护后

走马楼三国吴简脱色保护前

走马楼三国吴简，为 1996 年在湖南长沙走马楼 J22 号古井遗址中发现的三国孙吴纪年简牍，其材质分为竹、木两大类，总数量近 10 万枚。其内容涉及三国时期吴国的经济、政治、军事、司法等诸多方面，为研究孙吴的社会经济、法律制度、简册制度、职官沿革、历史地理、书法艺术等，提供了史籍所缺佚的丰富而翔实的资料，具有极高的价值，是二十世纪我国重大考古发现。

十六醇在木简内的填充状况

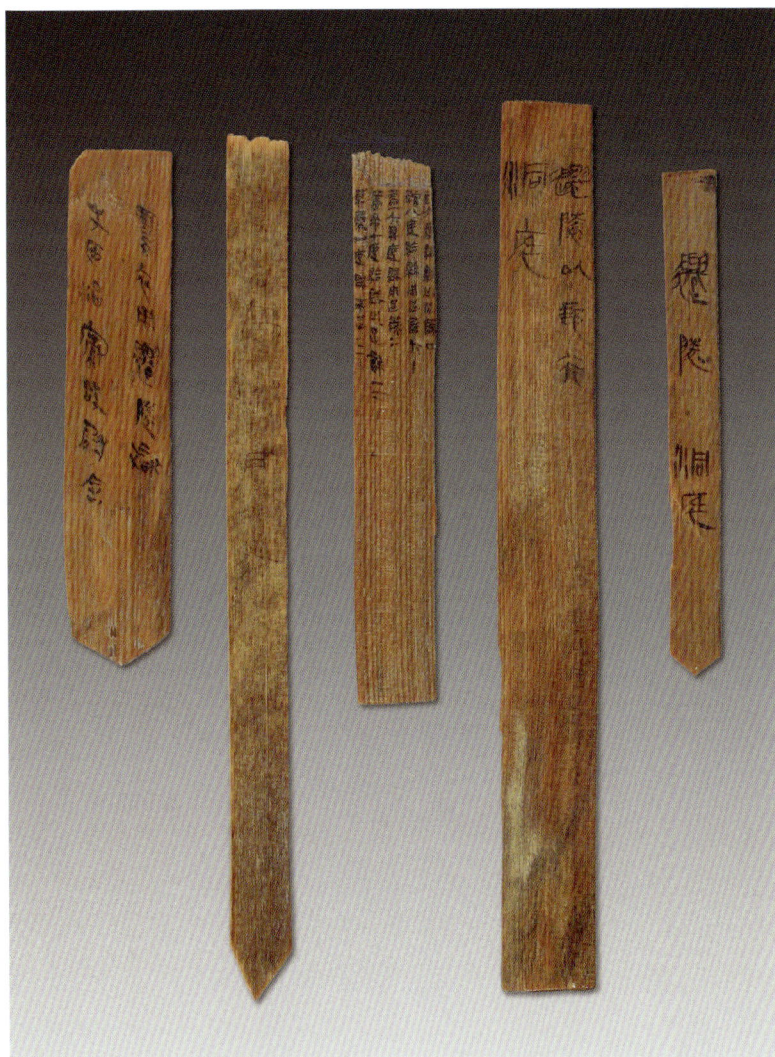

湘西里耶秦简饱水木简脱色保护后

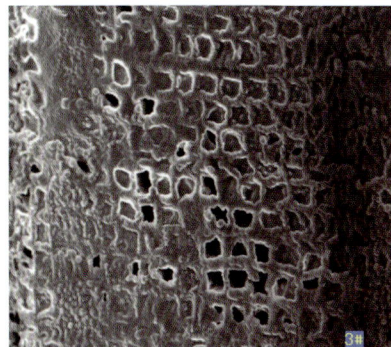

里耶饱水木简脱色保护前

变形木质文物整形技术研究

国家文物局设立的"变形木质文物整形技术研究"项目,通过生物化学技术在变形漆木文物修复保护中的应用研究,筛选出能分泌与文物生物材质近似材料的菌种,找到相关代谢途径及关键酶,在体外重建酶系和底物,成功获得变形漆木文物整形的方法,并在湖北包山楚墓出土的干缩变形木底、河南许昌出土的变形木钵等漆木器文物的保护修复中得以应用。

变形漆木文物的整形前后效果对比

饱水漆木器脱水加固

针对南方馆藏出土竹木漆器普遍存在饱水病害的问题，四川省文物考古研究院的科技人员采用竹木漆器脱水加固的新技术，完成了对四川绵阳出土的汉代漆木器的脱水加固保护。这一项目成功脱水保护了饱水木器 250 余件、饱水漆器残件 200 余件和大型漆木马 74 件。

漆木马
汉
四川省绵阳市永兴双包山汉墓出土
四川省绵阳博物馆藏

漆木马脱水加固前

脱水加固处理

处理中

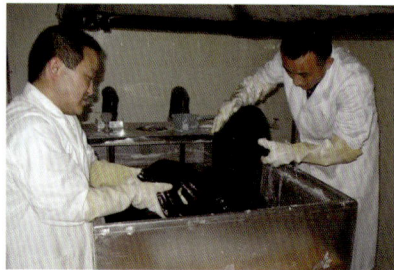

加固完成

第五部分　纸质文物保护

清明上河图（局部）

　　纸张的发明，取代了结绳、甲骨、竹木、绢帛等记事方式，带来了书写方式的根本性变革。我国的博物馆通常有大量的纸质文物收藏，由于其制作材料为天然植物纤维，易被氧化和生物降解，进而产生酸性物质，导致出现纸张酸化、强度降低等问题。也易形成菌斑和其他污渍，表现出脆化、变色、霉变、腐烂、粘连和污染等病害。针对这些病害，科技工作者先后开展了"整本图书脱酸定型技术研发"、"纸质文物的生物清洗修复法"、"腐化粘连古籍、经书分离揭取关键技术研究"等课题，增加了纸质文物保护的科技含量。

纸质文物的主要病害

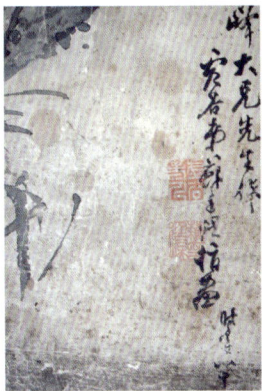

污染

腐烂且粘连

酸化造成的脆化

粘连的经书保护和处理

针对馆藏书画出现的被霉菌菌斑、油脂类污渍污染的现象，以及古籍经书的腐化粘连病害，一种可选择性祛除菌斑及油脂类污渍的生物清洗技术和腐化粘连古籍经书的分离揭取技术应运而生，并得到成功应用。

薄如蝉翼的书页经处理后较易揭取

初步完成揭取、拼接的书页

整本图书的真空微波脱酸技术

我国近现代图书在馆藏文物中占很大比例，其纸张多为酸法制浆制造而成，呈弱酸性，在环境影响下产生酸化加剧、纸张脆化等现象。针对近现代图书文物急需脱酸处理的现状，科技工作者研发了工作效率很高的整本图书真空微波脱酸技术，使图书能够快速脱酸干燥且不皱缩。

批量脱酸后的图书

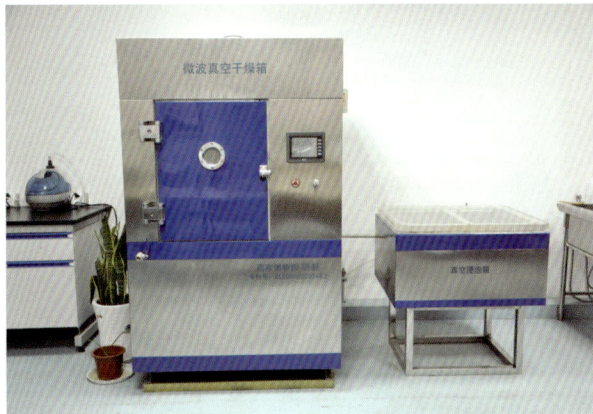

自行研制的脱酸设备

传统造纸工艺流程调查

我国古代使用纸张多为碱法制浆，纸张呈弱碱性且纸浆纤维长，不易受自然环境影响。我国一些地区目前仍采用传统造纸工艺，其产品保持了古代造纸技术的优点，是优良的纸质文物保护修复替代材料。

江西省铅山县的传统造纸工艺

1. 砍竹

2. 叠塘

3. 腌料

4. 蒸料

5. 天然漂白

6. 拣料

7. 打料

8. 踩料

9. 洗料

10. 抄纸

11.压榨

12.烘纸

　　由传统方法制成的宣纸和大千书画纸呈弱碱性,在80℃、65%RH加速老化15周化仍能保持碱性,其强度下降较慢,对抗酸性胶矾水能力较强。

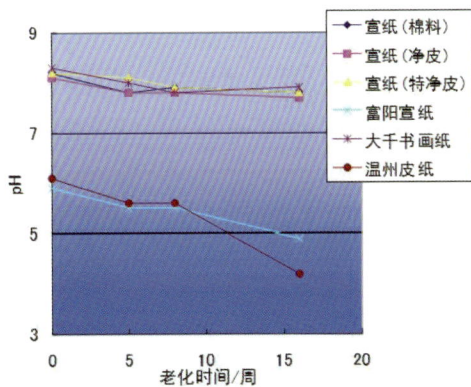
部分书画纸加速老化后的pH变化

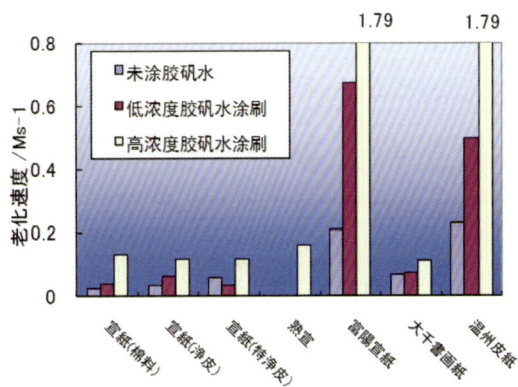
部分中国书画纸抗拉伸能(TEA)的老化速度比较

第六部分　馆藏壁画保护

莫高窟第61窟壁画五台山讲经图（局部）

　　壁画艺术最早见于石器时代的洞穴岩画，主要种类包括石窟壁画、殿堂壁画、墓室壁画。中国壁画艺术历史悠久，风格独特，脉络清楚，内容丰富，类型齐全，而且遗存量很大。馆藏壁画以墓葬揭取壁画为主，历经地下埋藏和考古发掘、异地搬迁和修复等过程，在现有馆藏环境条件下容易出现霉变、起甲、脱落、空鼓、酥碱、变形等病害，也易产生表面污染、附着钙质土垢等问题。

濒危馆藏壁画的抢救性保护

　　针对馆藏壁画存在的霉变、起甲、表面污染、附着钙质土垢、支撑体失效等病害，国家文物局、财政部资助专项"濒危馆藏壁画抢救性保护"研发了基于GIS的病害调查方法和数字化的馆藏壁画修复技术，对附着钙质土垢、霉菌的内蒙大召壁画、陕西出土唐墓壁画及河北出土北朝壁画等馆藏壁画，进行了示范性的清洗、加固及失效支撑体更换等修复保护，并研究制订了《馆藏壁画保护修复技术规范》等10项规范。

馆藏壁画主要病害

颜料层粘附地仗土起甲

颜料层脱落

表面污染

酥碱

钙质土垢清洗前后对比

唐墓壁画清洗后

河北湾漳北朝壁画墓墓道壁画

湾漳北朝壁画墓墓道仪仗队列人物，这是墓道西壁仪仗队列中的第37-39人。仪仗队列呈现自墓内向墓外徐徐前行状，有的人物表现了回头凝望的瞬间。墓道东西两壁仪仗队列共绘有106个人物，个性鲜明，栩栩如生。

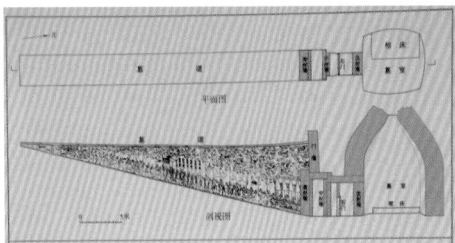

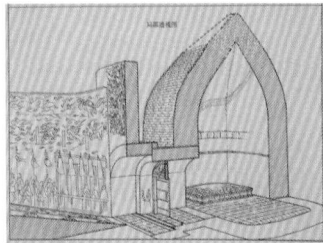

河北湾漳北朝壁画墓平剖面图及局部透视图

壁画的修复流程（一）

3号壁画地仗层及颜料层取样分析

3-1	黑色块状，表面眩光，可能做过保护处理
3-2	黑色块状样品
3-3	灰色块状状样品，为地仗修复材料
3-4	淡黄色粉末，为壁画空白部位的地仗
3-5	深褐色块状样品
3-6	灰色块状地仗样品
3-7	粉色块状样品
3-8	壁画表面污物，棉球蘸丙酮提取
3-9	3-4部位表面污物，棉球蘸丙酮提取
3-10	3-4部位表面污物，棉球蘸丙酮提取

壁画表面的预加固处理

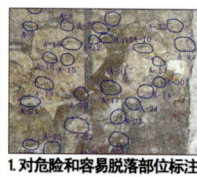

1. 对危险和容易脱落部位标注。　2. 用酒精将加固的部位浸润。
3. 注射25%的B-60水溶液。　4. 注射水硬石灰浆。
壁画表面的预加固处理

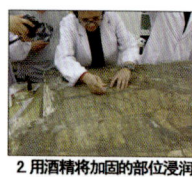

壁画表面清洗

清洗方法：在日本纸上使用丙酮，以去除表面的脏污，然后用棉签蘸丙酮清除表面的三甲树脂和各种污渍，对于比较难清的硬皮可用机械法去除。
清洗前　清洗后
壁画表面的清洗

壁画的表面加固贴纱布

从壁画的边缘开始，把小块日本纸放在要贴敷的部位，然后在上面用刷子蘸取足量的兔皮胶，按照壁画表面起伏形状拍打，尽量让纸紧贴壁画表面。待纸干后，用同样浓度胶贴纱布，将预先洗好的纱布，铺在壁画表面，然后用刷子蘸取足量的胶，从纱布的中间向两边刷胶，用力向下拍打，确保纱布与壁画表面粘接牢固，紧密结合。最后将壁画边缘的纱布保留大约2cm，其余的裁掉。

1. 已经贴好晾干的日本纸。
2. 将准备好的纱布铺在壁画表面。
3. 贴好纱布的壁画。
壁画表面加固贴纱布

准备新支撑体

1. 用意大利胶在蜂窝铝板上均匀的刷一层。
2. 将洗好的亚麻布铺到刷好胶的板子上，再刷胶裱好。
3. 在裱亚麻布上刷一层薄胶，均匀洒上细沙，边缘要撒匀，干后用木块打磨平整，将没有沾上的沙子清除掉。
4. 将晾干后的蜂窝铝板的边缘突出的亚麻布用手术刀割掉，手术刀要与板子成大约45度角，紧贴铝板边缘切割。
准备新的支撑体

去除壁画背后的支撑体

1、壁画背面向上放在木板、海绵和塑料布的工作台上。
2、用手锯将壁画背面的方木框，锯掉，清理表面杂物。
3、用电热吹风加热，再用铲刀和钳子去除玻璃纤维，坚固地方用电动砂轮切割成条再揭取，不要切割的太深破坏壁画。
4. 使用10%的B60或10%的意大利胶溶液将背面刷一遍，局部松动的地方用浓度较高的B60或意大利胶溶液加固。
去除壁画背后的支撑体

湾漳北朝壁画修复流程

壁画的修复流程（二）

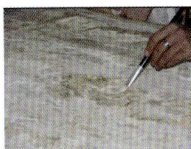

1.先用刷子蘸适量的10%B60溶液，将需要填补的部位浸湿。

2.用刮刀取适量沙浆填补。

3.填补好的部位。

4.用海棉打磨填补区的边缘。

填补壁画背面

将壁画的背面贴上纱布

1.在需要贴纱布的地方刷配好的溶液。

2.铺上纱布，再在上面刷混合溶液。

3.使纱布紧贴壁画背面。

4.贴好纱布的壁画背面。

将壁画的背面贴上纱布

更换新支撑体

揭取壁画的表面的纱布

1.用热毛巾将要揭取的地方浸湿，再用竹签和手术刀揭掉纱布。

2.纱布揭掉后的状况。

揭取壁画表面的纱布

1.在贴好纱布的壁画背面刷胶，然后填补沙浆作为隔离层。

2.在贴好亚麻布的蜂窝铝板上刷胶。

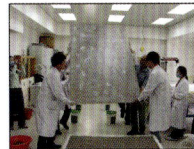

3.将蜂窝铝板反转过来。

4.用木框将两层木板锁紧。

5.再次反转。

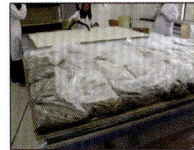

6.将壁画用沙袋压实。

将壁画贴到新的支撑体上

用影线法修复

用影线法修复壁画

最终修复完成的壁画

湾漳北朝壁画修复流程

内蒙古大召壁画修复前后对比

第七部分　博物馆环境监测与控制

首都博物馆

苏州博物馆

　　随着预防性保护的理念不断深入人心，博物馆环境监测与控制技术已经成为当前国际文化遗产保护科技界关注的重点领域，主要针对目前博物馆库房、陈列、展柜等室内环境中温湿度波动、光辐射、空气污染，以及生物病虫害等对馆藏文物造成的腐蚀损失状况，从博物馆选址着手，在场馆建筑材料选择、文物展厅与库房缓冲间的设置，以及馆藏文物保存与展示小环境质量监测技术、评价方法和调控措施等方面开展综合研究和应用实践。

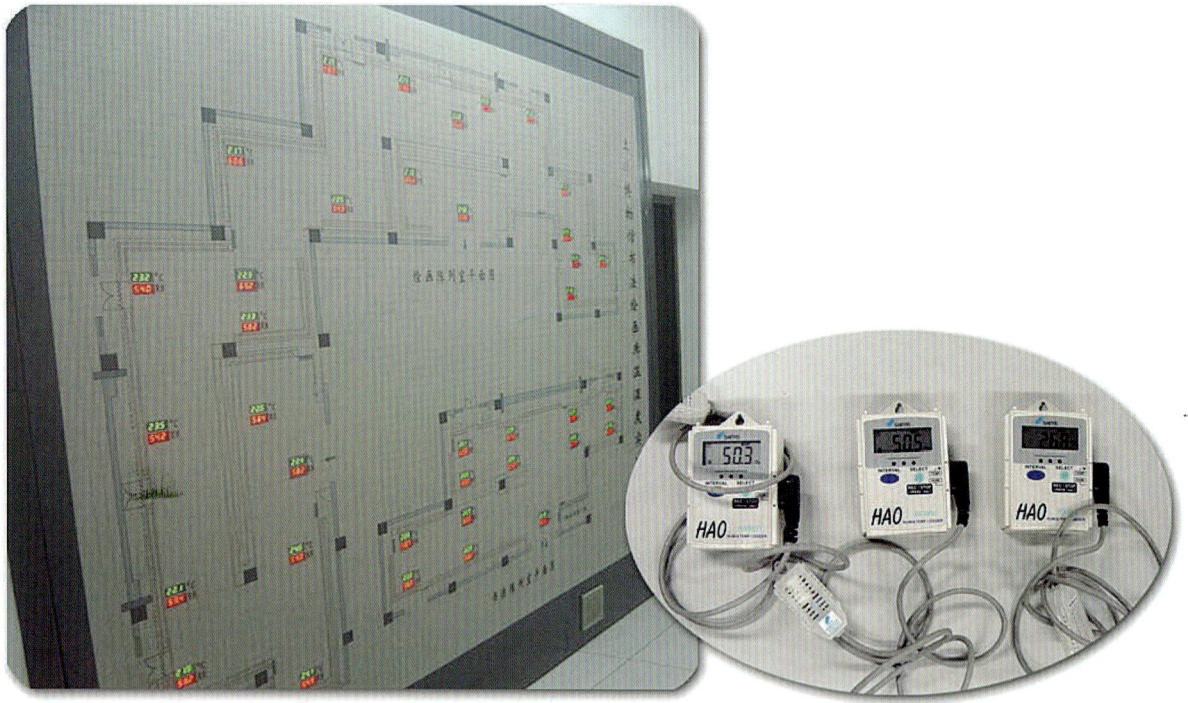

上海博物馆内环境监控显示屏及恒温恒湿连续记录仪

上海博物馆库房入口喷淋间（除尘恒温恒湿）

上海博物馆展柜内光纤灯

馆藏文物保存环境应用技术

针对馆藏文物保存环境主要危害因素，由上海博物馆联合华东理工大学和复旦大学等多家科研院所和企业开展的"十一五"国家科技支撑计划课题"馆藏文物保存环境应用技术"，围绕博物馆微环境监测与评价、净化与调控技术开展综合研究，建立了基于洁净概念的文物保存微环境评估体系的理念和内容框架，研发了博物馆微环境采样检测、连续监测、材料评价、湿度调控、空气净化、集成控制等技术与产品，实施示范应用。

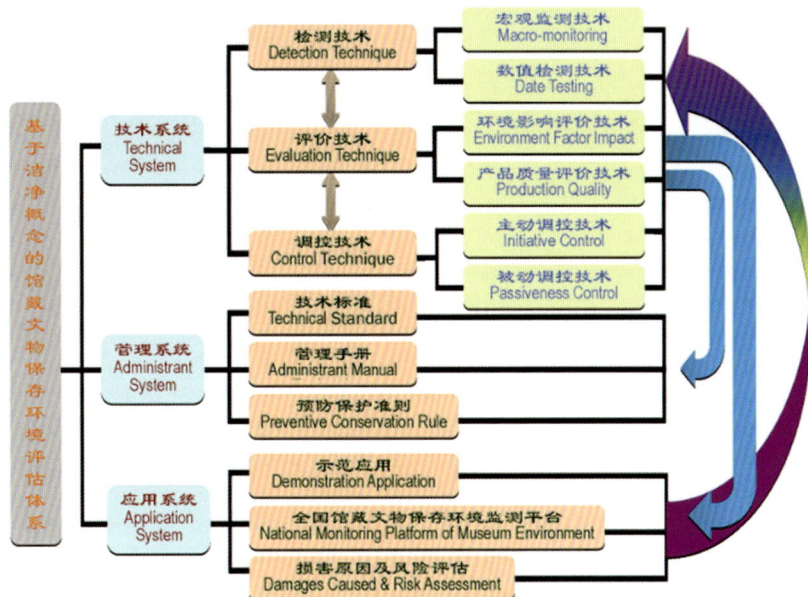

基于洁净概念的文物保存微环境评估体系的理念和内容框架示意图

稳定环境——研发专用调湿材料或设施，控制温度、湿度在适宜指标下的平稳性，防止出现较大幅度的波动。

洁净环境——研发专用吸附材料和净化设施，最大限度地降低文物收藏、展示环境下的特征污染物浓度。

监测管理——研发适宜的环境检测分析技术和监测评价技术，制订相关技术标准、预防准则和管理制度。

集成控制——评估藏展材料污染物散发程度，提升文物展柜密封度，集成微环境调控功能和措施，进行环境监测与风险评估。

● 博物馆藏展材料快速筛选评估的"薄膜试片测试法"

用于藏展设施制作材料、装饰装修材料散发污染物程度分级评判的一整套快速筛选试验方法，应用于100多种藏展材料的快速评估筛选，有效克服了 Oddy 测试法实验周期偏长（28 天）、目测判断差异等问题，利于从源头上控制文物微环境质量。

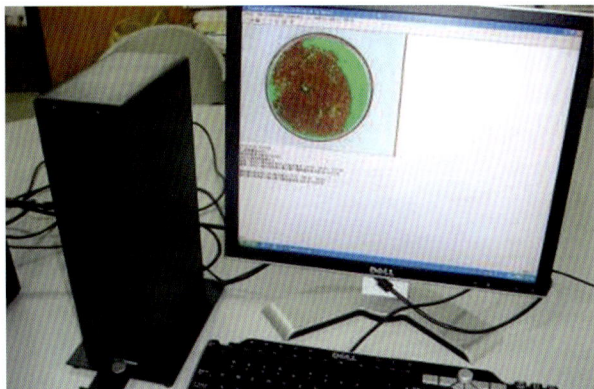

腐蚀试片图像采集及评判系统

恒温 60℃ 材料筛选试验

腐蚀试片图像采集装置及软件

用于腐蚀试片计算机图像采集、计算处理和分级评判。

"薄膜试片测试法"测试容器

一次可放置多种测试试片，同时获得测试结果。取得实用新型专利。

● 馆藏文物保存环境质量检测评价技术

针对现行室内人居环境空气质量监测技术方法和标准难以应对博物馆文物保存环境特殊监测评价需求问题，该课题研究建立了一整套博物馆微环境痕量污染气体"无动力扩散采样—仪器分析"技术，研制开发了聚苯胺膜修饰石英晶体微天平（QCM）测试微环境空气悬浮分子污染物（AMCs）连续监测系统，满足当前博物馆环境监测评估需求。

● 博物馆微环境痕量污染气体"无动力扩散采样—仪器分析"技术

适合文物展柜和库房特殊空间中多种 $\mu g/m3$（ppb）级痕量污染气体检测，检测灵敏度较现有标准方法提高50%。制订发布相关行业技术标准，在近40家文博单位进行应用检测，初步构建了博物馆环境信息数据库。

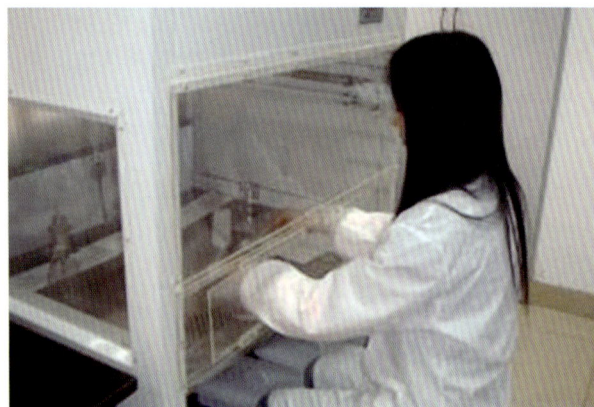

实验室分析

无动力扩散采样器：可根据实际采样需要，组合成多种形式采样器。

离子色谱及分析结果

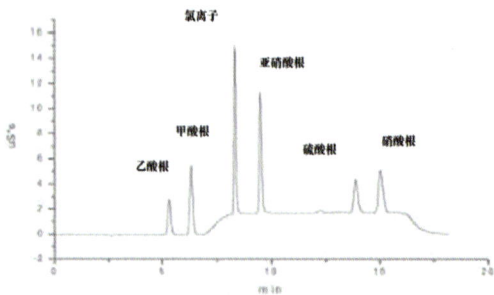

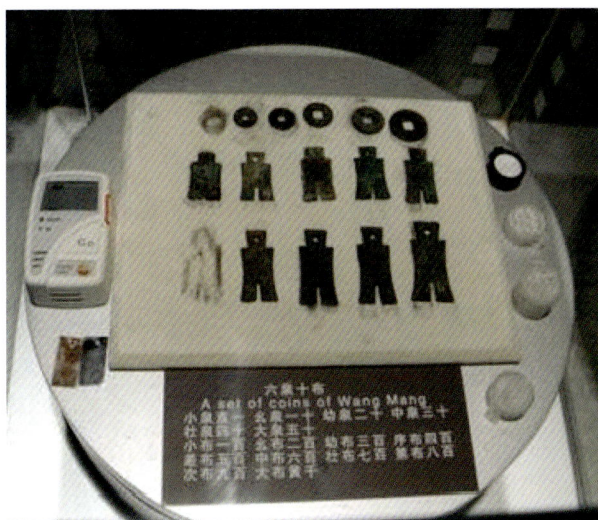

文物展柜内污染气体检测应用

● 基于石英晶体微天平的文物保存微环境连续监测与评估技术

　　针对空气悬浮分子污染物（AMCs）连续监测问题，研制出聚苯胺膜修饰石英晶振片电极及传感器，建立简化功能的石英晶体微天平（QCM）测试实验系统装置，初步研发出测试仪的主机部分，提出相应监测评估体系框架。

● 馆藏文物保存微环境调控技术

　　针对缺乏自主知识产权的博物馆微环境专用调控功能材料和净化设施问题，研究开发了多种基于天然高分子材料的调湿剂、调湿板、低浓度污染气体吸附剂等产品，性能均能达到国际同类产品的先进水平，实现中试化生产；研究开发净化多种低浓度污染气体的集成净化技术和专用小型空气净化器，满足营造"稳定、洁净"馆藏文物保存环境的需求。

● 博物馆微环境被动调控功能材料

　　基于壳聚糖天然高分子材料改性和复配无机材料，制得多种多孔结构的调湿剂、甲醛吸附剂、复合吸附调湿剂材料，研制以植物纤维和特制硅胶为基材的调湿板产品，建立50千克/批的中试生产流水线，进行示范应用，效果显著。

纤维调湿板及其生产线

2008年北京奥运会期间的"奇迹天工"文物展（左）和2010年上海世博会城市足迹馆（右）应用被动调控材料

壳聚糖基调湿剂及多孔结构

壳聚糖基甲醛吸附剂及微观结构

●基于生物质净化文物保存微环境污染物集成技术

研发以木屑、稻壳、竹屑、秸秆等生物质炭净化为主，复合预氧化材料、臭氧脱除剂，耦合光催化技术，对微环境中氮氧化物、有机酸等典型污染物具有明显净化效果的集成技术，试制出两款专用小型空气净化器，对NOX净化效果稳定在97%以上，对有机酸等其他典型污染物也具有良好的净化效果（＞90%）。

小型空气净化器

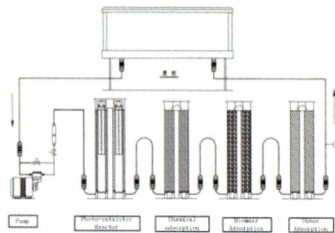
净化原理图

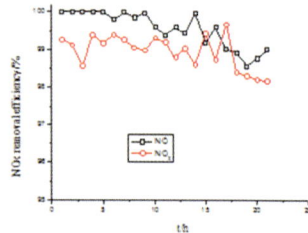
净化效率图

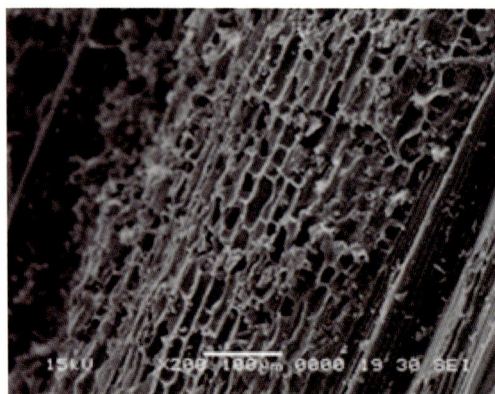

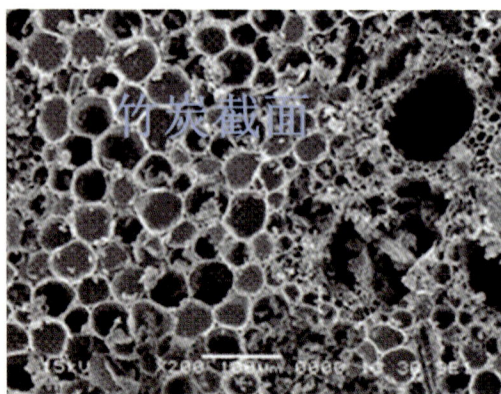

低温竹炭纵切面（左）和横切面（右）SEM图

●博物馆微环境多功能控制集成技术及一体化设施

高质量、可有效调控微环境质量的文物储藏／展示柜，是实现"基于洁净概念的文物保存微环境"的技术关键。通过综合实验研究，形成多种开启方式、专业照明形式、高密封度和中等密封度结构等一系列提高文物展柜质量的解决方案；研发了集成被动调控材料、主动循环净化、超低氧保存、无线传感监测等技术，形成多种文物保存微环境调控展柜系统，并已实际应用。

制氮—调湿高密封调控展柜系统，配置应用于考古现场移动实验室中

内胆型展柜

光纤照明

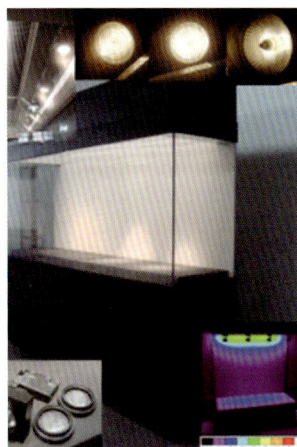

投射式射灯照明

卤素射灯模块化照明

洗墙式射灯照明

"内胆式"设计展柜与"脱卸式"装饰模式

均匀光 LED 照明

第八部分　古建筑保护

故宫太和殿

中国古代建筑多以木构架为主要结构方式，承重与维护结构分工明确，注重建筑群体的有机组合，造型多具飞动轻快的美感，注重彩绘和雕饰的运用，强调与周围自然环境的协调，具有极高的欣赏和实用价值。在已公布的全国重点文物保护单位中，古建筑占较大比例。由于年代久远，古建筑易发生木结构老化、糟朽等问题，进而导致屋面变形、木架歪闪等结构性病害，还存在着建筑基础不均匀沉降，墙体开裂、瓦件及油饰彩画残破等问题，这些都严重威胁着古建筑的安全。

古建筑测绘中的新技术应用

古建筑测绘是古建筑保护的基础性工作之一，应用三维扫描等现代测绘技术，有效地解决了古建筑传统测绘作业周期长、数据处理复杂、精度有限等问题。

山西佛光寺东大殿三维激光扫描数据分析

山西佛光寺东大殿西立面照片拼合图

实地探测

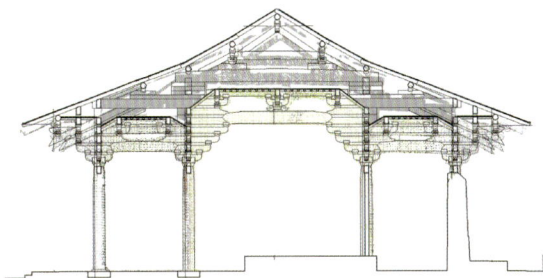

剖面图

三维扫描点云图

古建筑结构健康状况的监测

木结构是古建筑的主要结构，木结构保存状况的监测和评估，是古建筑保护的前提和基础。针对这一问题，中国文化遗产研究院组织实施了应县木塔综合保护项目。通过开展木构件变形状况监测、环境监测及震动对整体结构稳定性影响的研究，在古建筑整体结构分析方面取得了初步进展。

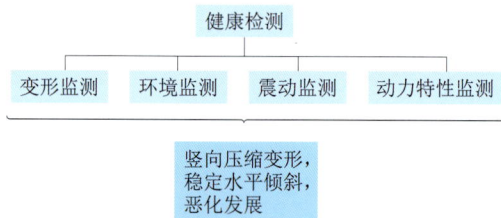

应县木塔健康监测示意图

案例：应县木塔健康状况监测

通过木塔结构的健康监测和分析，认为在没有意外突发事件——火灾、强度超过 7 级的地震（近震）、超过 10 级的风灾等的正常情况下，应县木塔不会出现结构整体倒塌的情况。另一方面，监测表明应县木塔二层明层倾斜柱的倾斜变形情况逐渐恶化，一旦局部失稳将危及应县木塔整体结构稳定。

应县木塔全景图

三维结构剖面图

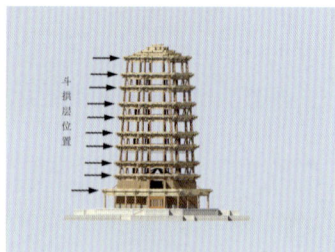

应县木塔整体结构效果图

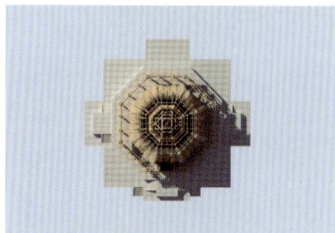

应县木塔结构俯视图

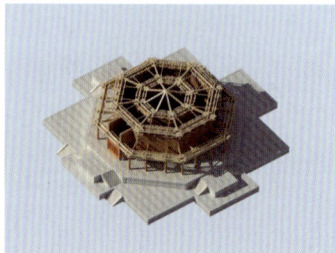

应县木塔台基及第一层结构示意图

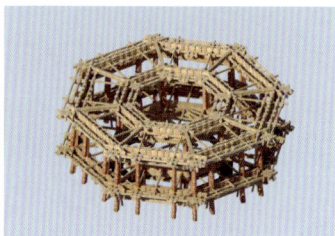

应县木塔第三层结构轴测图

佛宫寺释迦塔，又称应县木塔，位于山西省应县城西北佛宫寺内，始建于辽清宁二年（1056 年）。塔建在 4 米高的两层石砌台基上，底层平面呈八角形，直径 30.27 米，总高 67.13 米，塔身外观五层，内部一至四层，每层有暗层，实为九层，全部为木构，是我国现存惟一的纯木构大塔，反映了我国古代木构建筑的科学成就。

测试仪进行实验工作

伪动力试验系统W+B施加水平荷载

第一跳华拱水平变形测试点

明栿水平变形测试点

模型试验与数据采集系统

通过竖向抗压试验和水平抗侧力试验可获得竖向和水平方向的力学性能数据，为评估应县木塔局部结构的安全性、研制修缮加固方案和分析整体结构力学性能提供支持。

应县木塔现状信息采集系统

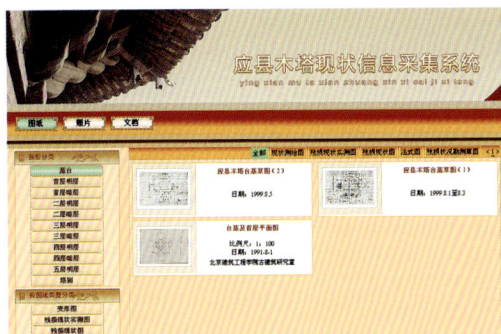

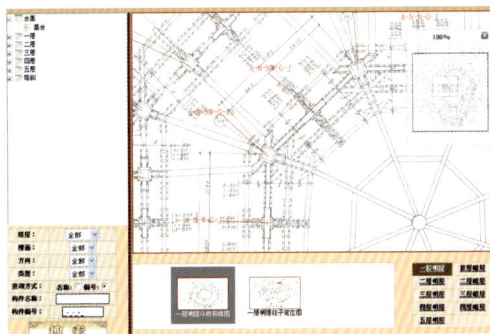

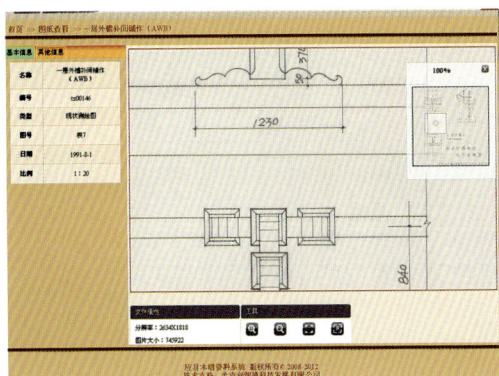

古建筑油饰彩画传统工艺的科学化

针对对古建筑彩画传统工艺科学内涵认识不清的问题，西安文物保护修复中心联合陕西师范大学、西北大学等多家高等院校、科研院所和文博单位，从微观形貌、分子结构演化、结晶学性质、化学反应性能等方面揭示其微观结构特征，并将彩画材料性能与微观结构进行关联，揭示了彩画传统工艺中的科学道理，认知了传统工艺的理论基础，完成了"十一五"国家科技支撑计划课题"古建筑油饰彩画科学化"的研究。

探索传统工艺的科学内涵

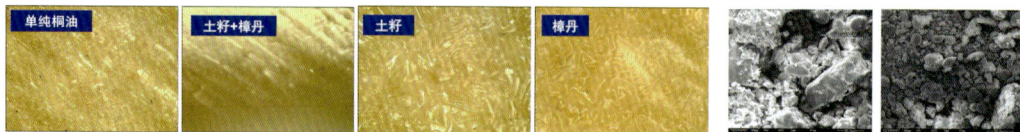

不同条件炼制桐油光学显微照片

面粉和经石灰处理样 SEM 图片

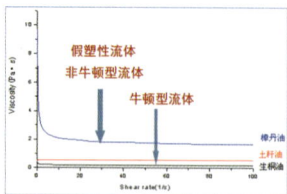

不同条件下炼制桐油粘度弹性

不同条件下油满成膜状态

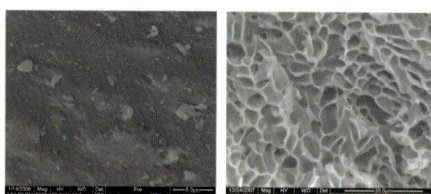

猪血凝胶自然干燥（左）冷冻干燥（右）

砖灰（左）、砖灰＋桐油（中）和砖灰＋桐油表面 SEM 照片

地仗表面和冷冻截面形貌

土籽含二氧化锰，樟丹为氧化铅，是用于熬炼"灰油"的两种矿物。樟丹具有催化作用，土籽具有聚合作用，这样既有利于炼制工艺控制，又有利于调节油满在不同条件下的成膜速度。这体现出中国传统哲学思想和智慧：在一个体系中既有促进作用又有抑制作用，利用两者之间的抗衡达到和谐。

古建筑油饰彩画保护技术研究

彩画是中国古代建筑特有的装饰形式，受自然环境影响，彩画会出现褪色、脱落等现象。针对这些问题，"十一五"国家科技支撑计划课题"古建筑油饰彩画保护技术研究"，通过风化机理研究、原真保护技术的集成与研究，建立了彩画保护技术体系，有效地解决了彩画保护的技术问题。

彩画修复前后对比

古建筑琉璃构件传统工艺的科学化

为深入了解琉璃制作工艺的科学内涵，故宫博物院联合中科院上海硅酸盐研究所，开展了"十一五"国家科技支撑计划课题"古建筑琉璃构件传统工艺科学化研究"，从琉璃构件的光泽与铅釉的关系、高温素烧与低温釉烧的二次烧成工艺、着色氧化物与琉璃釉色的关系、窑炉烧制原理、化妆土技术、胎体烧结程度的把握等方面开展研究，对古代建筑琉璃构件传统制作工艺所蕴含的科学价值及先民们取得的科技成就进行了挖掘和揭示。

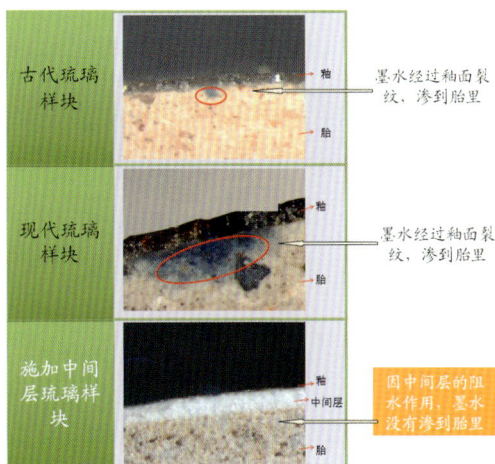

琉璃传统制作工艺科技内涵的揭示

古建筑琉璃构件保护技术研究

琉璃构件是高等级古建筑中的重要建筑材料。针对琉璃构件存在的污染、断裂、变色、泛碱、酥解、剥釉等病害，"十一五"国家支撑计划课题"古建筑琉璃构件保护技术研究"，通过对其损毁机理、重新挂釉技术和原位保护技术的研究，研发出剥釉琉璃瓦件的重烧、复烧技术及其原位保护技术，有效地解决了这一问题。

琉璃构件的六大病害

变色

污染

釉层剥落

断裂

泛碱　　　　　　　　　　　　　　　　　　酥解

古建筑传统粘接材料与技术的科学化

　　糯米灰浆（糯米灰浆三合土）是我国古代应用广泛的建筑粘接材料。"十一五"国家科技支撑计划"土遗址保护关键技术研究"和浙江省文物保护专项"基于传统材料科学化的石质文物加固材料研究"发现了糯米灰浆在粘接强度、韧性和防渗性等方面具有良好性能，揭示了糯米灰浆良好力学性能的微观基础，证明在无机材料中添加有机材料的糯米灰浆是世界上第一种广泛使用的有机/无机复合建筑胶凝材料。是当时世界建筑材料的一项重要发明。

不加糯米的普通灰浆内部结构　　　　　　　模拟的含5%糯米灰浆内部结构

研究过程的相关分析图片

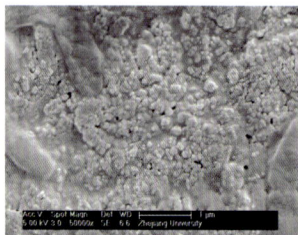

表面涂覆样品 SEM 照片（糯米浆：氢氧化钙 = 1:1）：(a) 放大 5 千倍；(b) 放大 5 万倍

溶液法样品 SEM 照片。其中糯米浆：氢氧化钙分别为 (a)4：1 与 (b)1：1

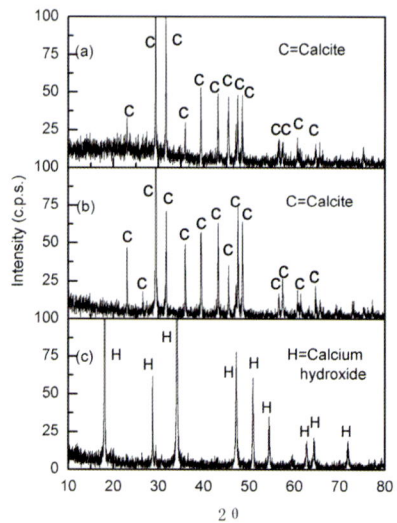

溶液法 XRD 衍射图：糯米浆：氢氧化钙分别为 (a)4：1，(b)1：1 与 (c)Ca(OH)$_2$

第九部分　石窟寺、壁画和石刻保护

三维激光扫描仪在云冈石窟工作

石窟寺壁画和石刻是我国重要的文化遗产之一，敦煌莫高窟、云冈石窟、龙门石窟、大足石刻、乐山大佛等已被列入世界文化遗产名录。近年来，我国在石窟及其壁画各类病害的研究、监测和保护技术等方面取得了重要进展。

石窟寺三维数据采集技术应用

三维激光扫描技术在石窟寺、壁画的形态记录方面，具有数据存储量大及保真度高的优越性。三维激光扫描技术已成为石窟寺及壁画信息提取、现状分析的重要技术手段。

山西大同云冈石窟数字化工程示范研究

"三维激光扫描技术"的引入，部分解决了传统测绘和摄影技术因场地受限而无法测绘和照相的问题。激光扫描技术得到的数据能够生成洞窟中各个方向的剖面图，使洞窟得以多角度展示。依靠这一技术云冈石窟建起了三维的"数字档案"。

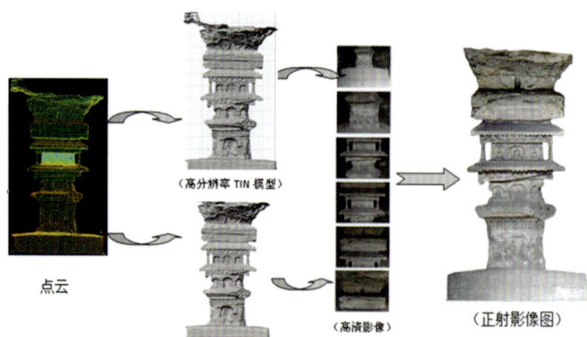

1. 正射影像图生成示意图

2. 云冈石窟第2窟东壁正射影像图

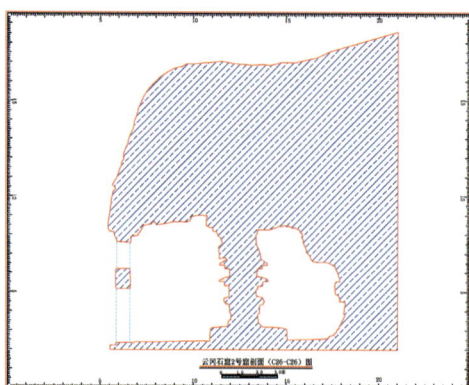

3. 云冈石窟第2窟剖面图

4. 云冈石窟第2窟西壁与塔柱东面正射影像叠加图

5. 数字云冈信息系统登陆界面

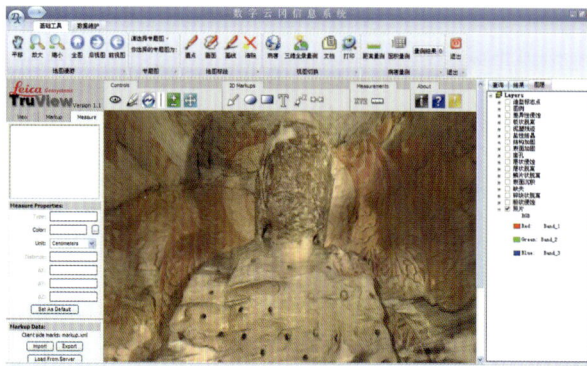

6. 可测量全景

三维激光扫描仪在云冈石窟第2窟工作

麦积山石窟数字化模型

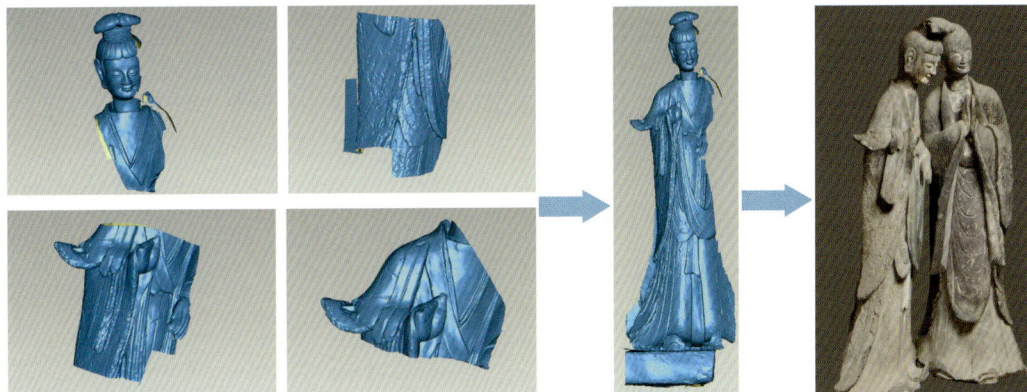

石窟寺环境的综合监测

自然影响和环境变化是造成石窟寺损毁的主要原因之一，了解并掌握影响石窟寺的环境因素，是对其展开科学保护的前提。

敦煌莫高窟环境监测系统

为了监测自然环境的变化，敦煌研究院联合浙江大学研发出相关设备和系统，在敦煌石窟建立了包括大气环境监测系统、崖体变化监测系统、窟内壁画微环境监测系统在内的的全方位监测体系，为莫高窟风沙治理，危岩体加固、壁画保护修复，游客控制等方面的科学研究、决策及其管理起到了非常重要的作用。

洞窟水分布监测

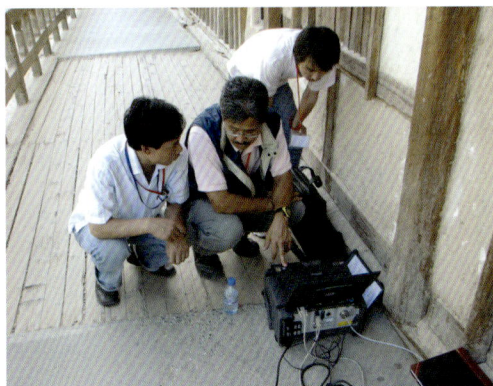

空气交换实验

岩体水分监测

榆林窟安装气象站

云冈石窟凝结水研究及监测

水是引起石窟雕刻风化的最直接也是最根本的因素之一。石窟水来源一般为降水、地下水和凝结水。针对定量测量石窟凝结水的关键技术问题，云冈石窟研究院联合中国地质大学承担了"云冈石窟凝结水研究及监测"课题，总结出一整套石窟内部凝结水形成规律的研究方法，解决了洞窟内凝结水形成规律和定量测定等技术问题，并研制了我国第一台石窟凝结水水量测量装置。该课题取得的成果在其他石窟寺的保护中也得到应用。

主要病害

窟顶裂缝渗水

壁面渗水

毛细水

雨水冲刷

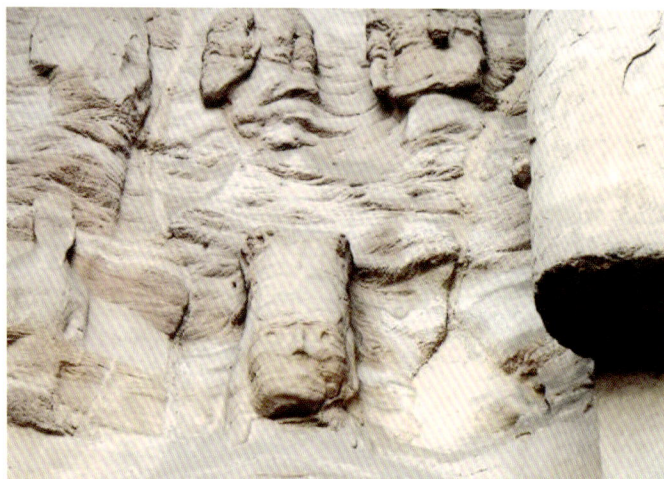

凝结水引起风化

污染

云冈石窟凝结水研究的现场操作

安装在第5窟诵经道内的采集器

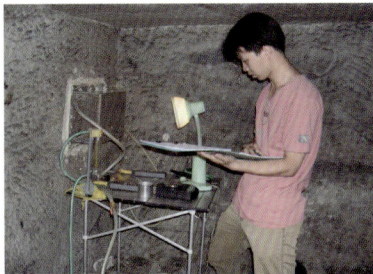

石窟内测量凝结水水量试验

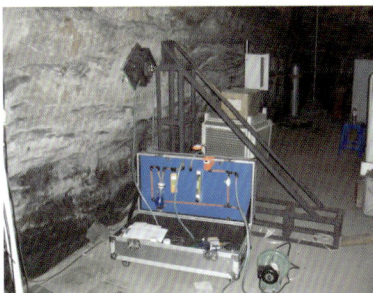

改进后的凝结水测量装置

壁画"癌症"的科学治理——壁画脱盐技术

盐分作用是造成壁画酥碱、疱疹、盐霜、空鼓等病害的根本原因，被称为壁画中的"癌症"。要确保壁画长久保存，必须安全有效地降低壁画内部盐分。为解决这一难题，敦煌研究院联合中国科学院、兰州化学物理研究所、兰州大学等科研院所、高校共同开展了"十一五"国家支撑计划课题"壁画脱盐技术研究"，从环境监测、盐害壁画分析着手，结合盐分结晶动力学实验研究，揭示了酥碱、疱疹两类壁画盐害的发生和发展规律，研发出一整套脱盐技术，在壁画修复中取得了良好的效果。

古代壁画由于盐分作用而产生病害的主要类型

酥碱

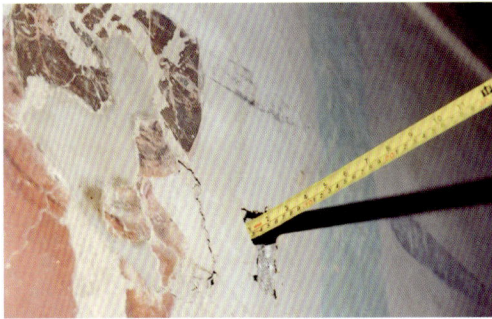

空鼓

酥碱盐霜

疱疹

空鼓壁画灌浆与脱盐流程图

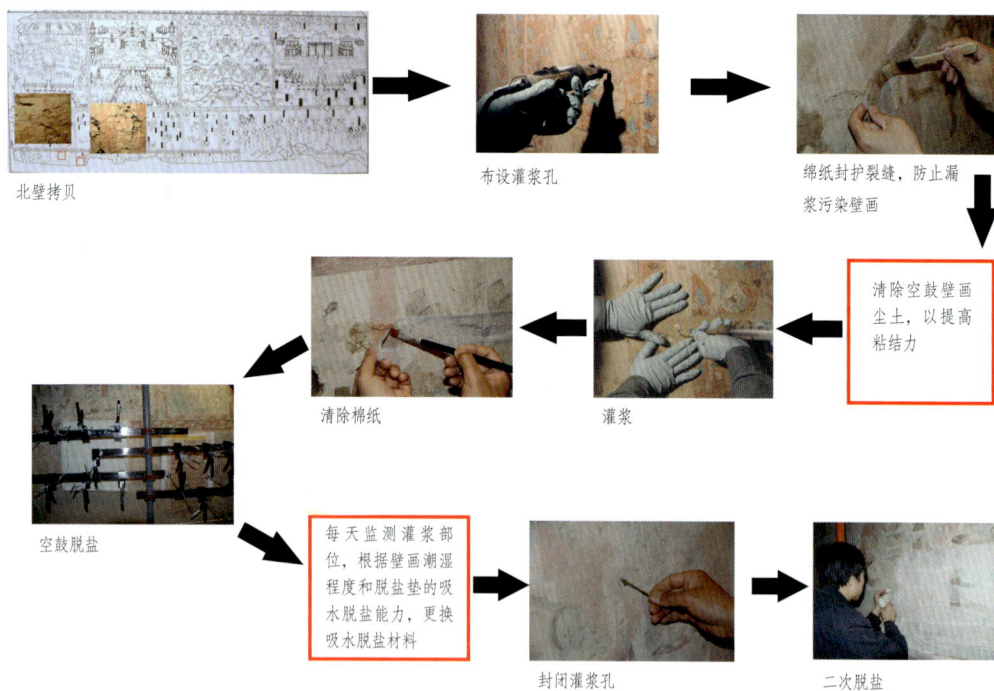

北壁拷贝 → 布设灌浆孔 → 绵纸封护裂缝，防止漏浆污染壁画

清除空鼓壁画尘土，以提高粘结力

灌浆 ← 清除棉纸

空鼓脱盐

每天监测灌浆部位，根据壁画潮湿程度和脱盐垫的吸水脱盐能力，更换吸水脱盐材料 → 封闭灌浆孔 → 二次脱盐

酥碱壁画修复前后对比

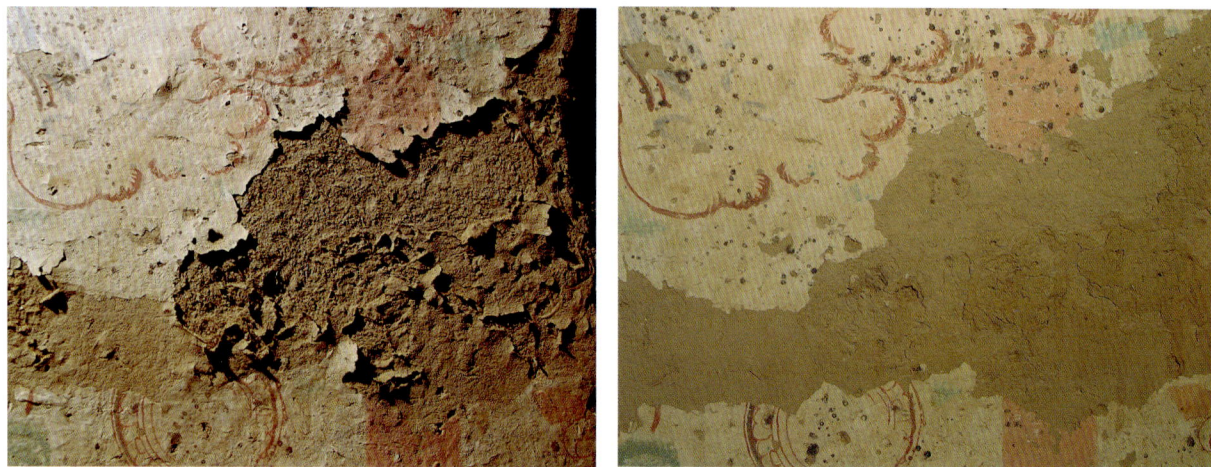

西披天王起甲修复前后对比

酥碱壁画脱盐工艺示意图

除尘

填垫泥浆

回贴颜料层

注射粘结剂

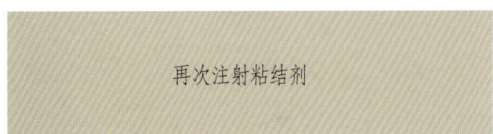

再次注射粘结剂

滚压

压平壁画

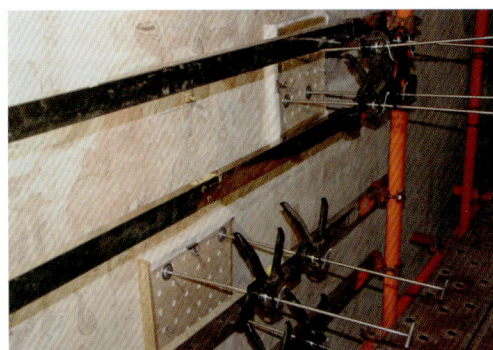

数贴吸水脱盐垫和换吸水脱盐材料

二次脱盐

第十部分　古遗址保护

　　我国的古遗址数量和类型众多、空间跨度大,给保护和管理带来了很大困难。"十一五"以来,现代科学技术在土遗址、大运河、水下遗存、室外大型铁质文物等的保护和管理方面发挥了重要的支撑作用。

长城

土遗址的综合保护技术

　　我国国家级重点文物保护单位中的大型土遗址已有378处之多,如交河故城、高昌故城、西夏王陵、金沙遗址、良渚遗址等。由于土的物理力学性质和建造工艺的缺陷造成了土遗址的脆弱性,在长期自然和人为因素的影响下,绝大多数土遗址风化剥蚀严重,亟待科学保护。

土遗址保护关键技术研究

　　针对土遗址存在的主要病害,敦煌研究院联合兰州大学、中科院地球物理研究所多家单位,启动"十一五"国家科技支撑计划课题"土遗址保护关键技术研究"。通过运用多种现代科技手段,开展相关研究,揭示了土遗址"结皮层"等病害的形成和演化模式,研发出相关保护材料、加固专用工具及监测设备,为遗址实施有效保护提供了技术支撑。

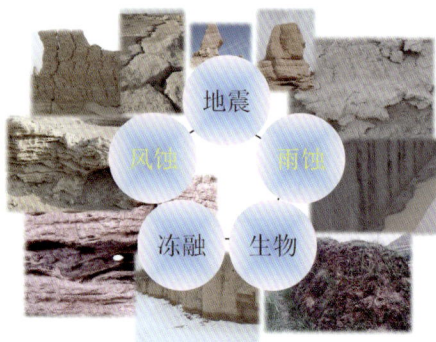

病害类型

结皮初始

疏松层形成

结皮剥落

在降雨作用下形成
结皮层，保护墙体

由于温度、盐分
等作用形成疏松层

在温度、风蚀影响下
结皮层从墙体剥离脱落

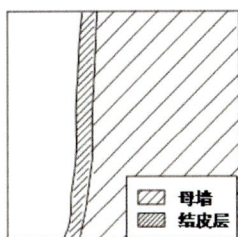
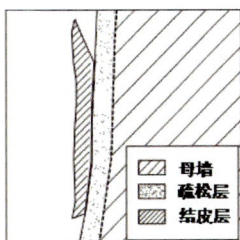
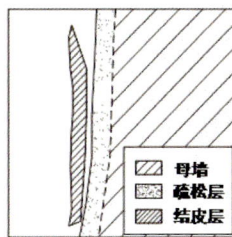

结皮层的形成与演化模式

土遗址加固材料与施工工艺研究

　　PS是一种化学制剂，根据土遗址表面不同的疏松度配置不同浓度的PS溶液，有针对性地喷洒渗透和滴渗，加固墙体，使土遗址表面更耐风蚀。

锚固灌浆加固技术流程

1. 搭设脚手架

2. 临时支护

3. 木锚杆锚固

4. 裂隙砌补

5. 埋设注浆管

6. 裂隙注浆

7. 表面防风化（滴渗）

8. 作旧前表面清理

9. 作旧

水下遗址的保护与展示技术

白鹤梁题刻原址保护工程

　　由于三峡水库的建设，著名白鹤梁题刻遗址将长久地沉入 42 米的水下。如何保护、监测、展示白鹤梁石刻成为不小的难题。由长江勘测规划设计研究有限公司、中国船舶重工集团公司第七一九研究所、上海交通大学等单位联合开展的"白鹤梁题刻原址保护工程"，采用了"无压容器"原理，开展了相关研究，解决了水下照明、水循环、参观廊道及水下工程等一系列问题，成功建成了世界上唯一一处水下遗址博物馆，实现了白鹤梁题刻的原址原样原环境保护和观赏。

白鹤梁上的石刻鱼

　　白鹤梁上所刻石鱼，实际上是前人用来记录长江枯水水位的标志，它为研究长江水文、区域及全球气候变化的历史规律提供了极好的实物佐证。

白鹤梁题刻

　　白鹤梁分上、中、下三段，题刻集中在长约220米的中段石梁上，特别是中段东区。包括160余段、30000余字的文字题刻和18尾石鱼雕刻。

石鱼浮雕

清光绪七年（公元1881年）孙海题刻

北宋元符三年（公元1100年）黄庭坚题刻

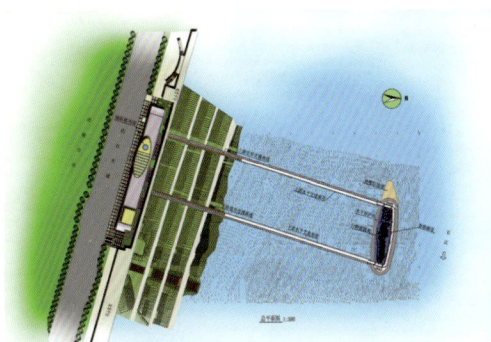

水下保护体与岸上陈列馆之间研制安装了亚洲提升高度最高的自动扶梯

　　水下保护体布置于题刻正上方，对题刻提供永久保护。保护体穹顶拱壳采用钢桁架与钢筋混凝土联合结构，承担壳体中央下缘的拉应力。

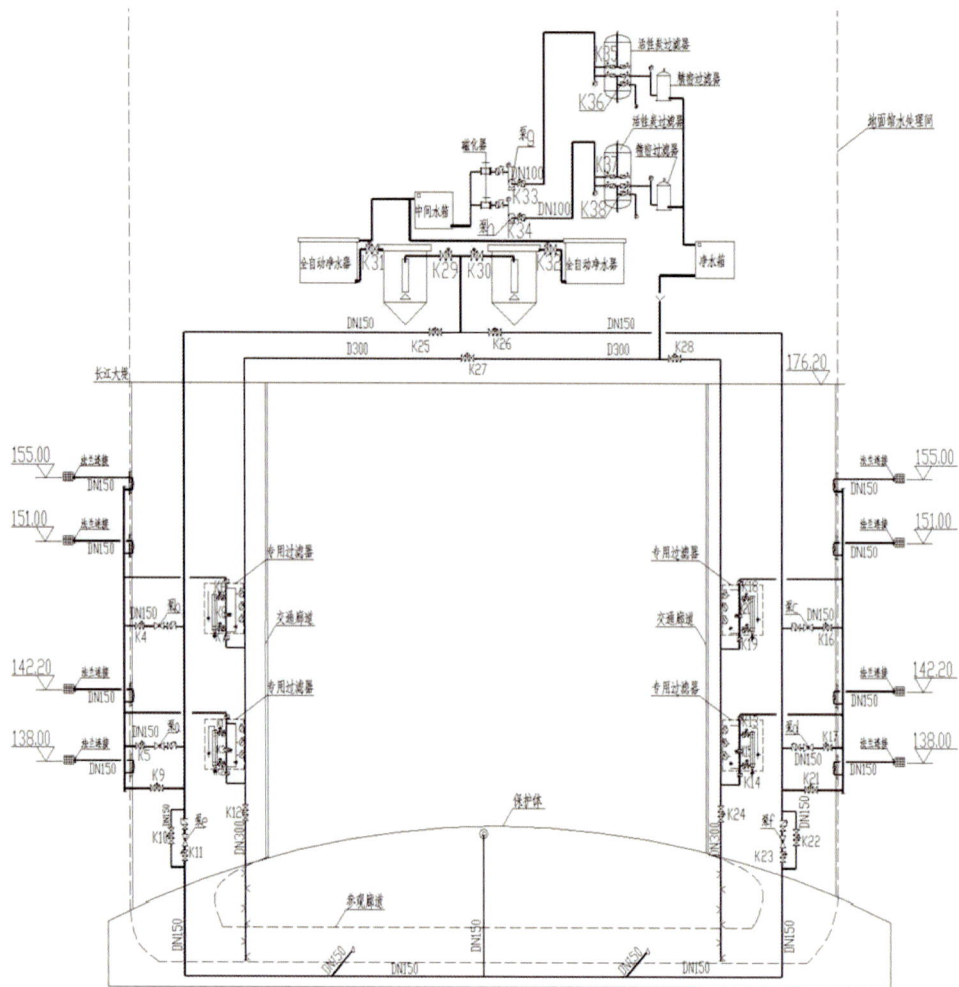

循环水系统，将保护穿体内的水体与长江水体相通，形成一个"连通器"系统

白鹤梁题刻原址水下保护工程方案

通过循环水管网，将保护体内的水体与长江水体相通，保证保护体内外的水压自动平衡。

水下参观廊道

水下 LED 照明系统

白鹤梁古水文题刻水下保护体的水下参观廊道，按能承受60米水头的潜水器标准进行设计。采用了耐压的金属结构和特种玻璃窗。既满足游客参观的需求，又使潜水员能出舱进入保护体内进行潜水作业。水下实时 CCD 摄像观察技术，将视频实时监控技术、计算机控制技术、多媒体资料检索播放技术结合在一起。

由于题刻处于40米以下的深水中，水下照明采用了可靠性及耐久性较好、显色性好、水中维护方便的 LED 照明。

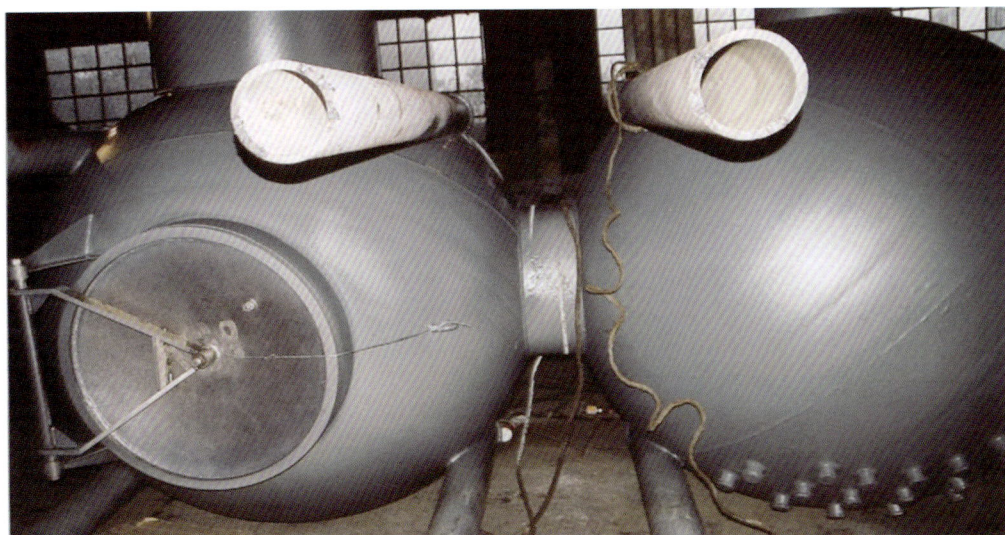

救生舱和设备舱

空间信息技术的综合应用

大运河保护中的空间信息技术

　　京杭大运河，全长 2400 多公里，连通 5 大水系，6 省市 18 城，是世界上规模最大、线路最长的人工大运河。

　　大运河保护和管理中面临着时空跨度大、环境条件复杂等诸多问题。为解决这些问题，由清华大学联合中国文化遗产研究院、中国水利水电科学研究院、中国科学院遥感应用研究所等单位，共同承担"十一五"国家科技支撑计划重点课题"空间信息技术在大遗址保护中的应用研究——以京杭大运河为例"，通过空间信息技术从宏观、中观、微观等不同层面的应用研究，获取了京杭运河本体全线三维空间采样数据及统一时空基准后的综合数据库，研发了京杭大运河保护地理信息系统、保护规划辅助支持系统及虚拟现实系统，为京杭大运河保护和管理提供了新的技术手段和管理平台。该课题取得的系列科研成果和积累的大量科研数据，已应用于编制大运河全线保护规划。

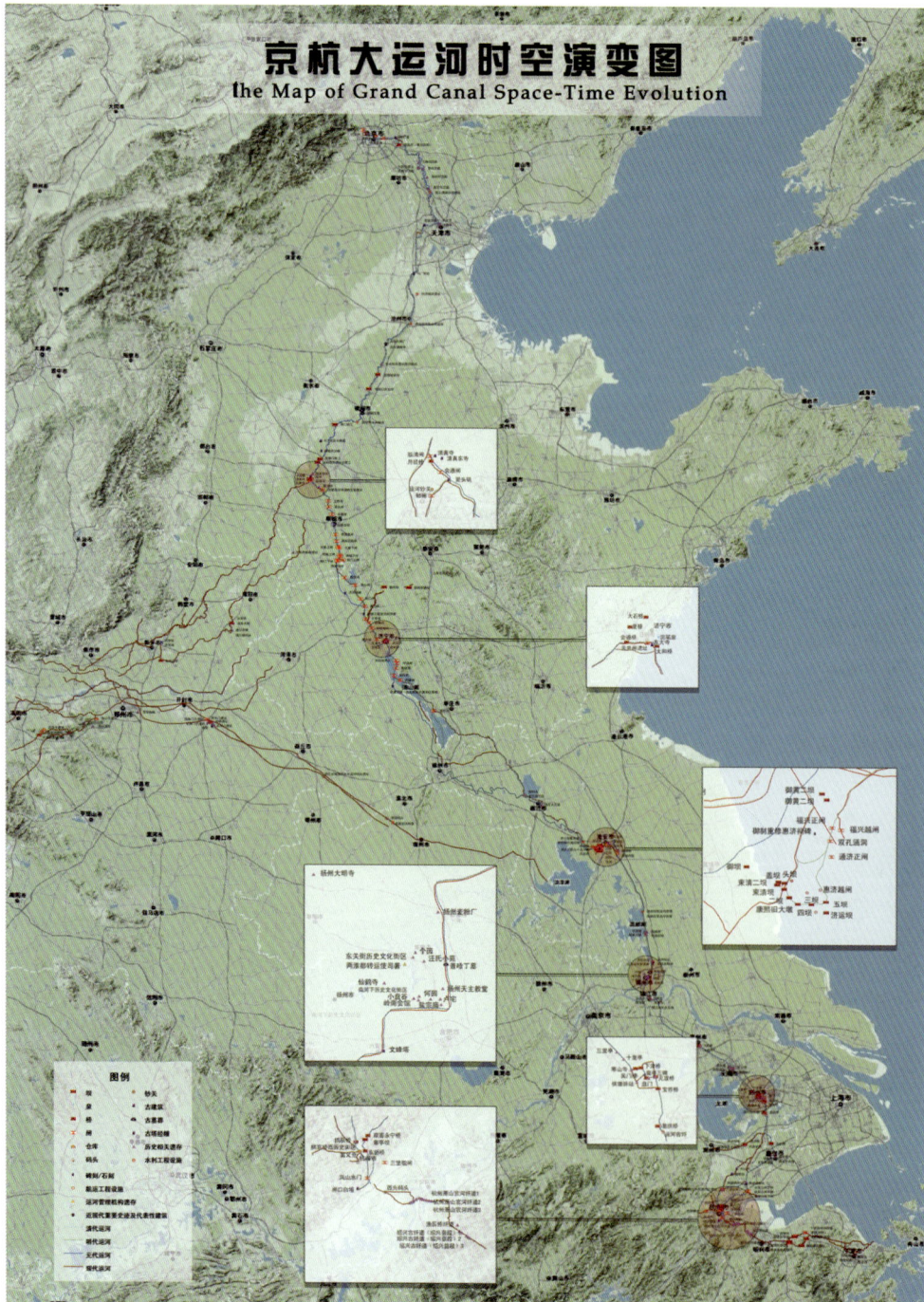

京杭大运河时空演变图

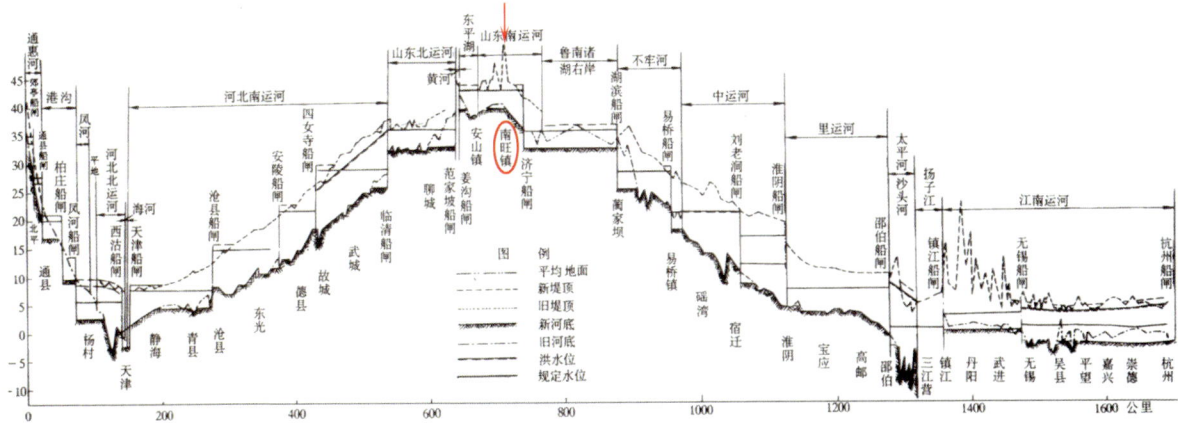

南旺分水枢纽在京杭大运河纵剖面中的位置图

运河图石碑拓片

南旺分水枢纽发掘出的水兽

运河图石碑

为纪念南旺分水枢纽的始建者所立石碑："皇明宋尚书像赞"

地理信息系统的综合应用

　　信息技术的发展，为文化遗产的保护管理提供了高效快捷的技术手段。目前以地理信息系统（GIS）为代表的信息管理技术已广泛地应用于文物资源调查、文物保护、文化遗产规划等领域，在遗产保护和管理过程中发挥着重要的作用。

秦始皇陵区资源管理中的 GIS 应用

内蒙古自治区不可移动文物 GIS 系统

大型不可移动文物的综合保护

河北省沧州铁狮子保护技术研究

　　受自然力及多种因素的影响，沧州铁狮子出现了结构失衡、开裂等现象。为解决这一问题，"十一五"国家科技支撑计划重点课题"铁质文物保护综合技术研究"，通过建立铁狮子三维数字模型、开展三维有限元力学分析、研发建立健康监测系统等方面的研究工作，找出了铁狮子的病害诱因，为沧州铁狮子的保护提供了研究基础。

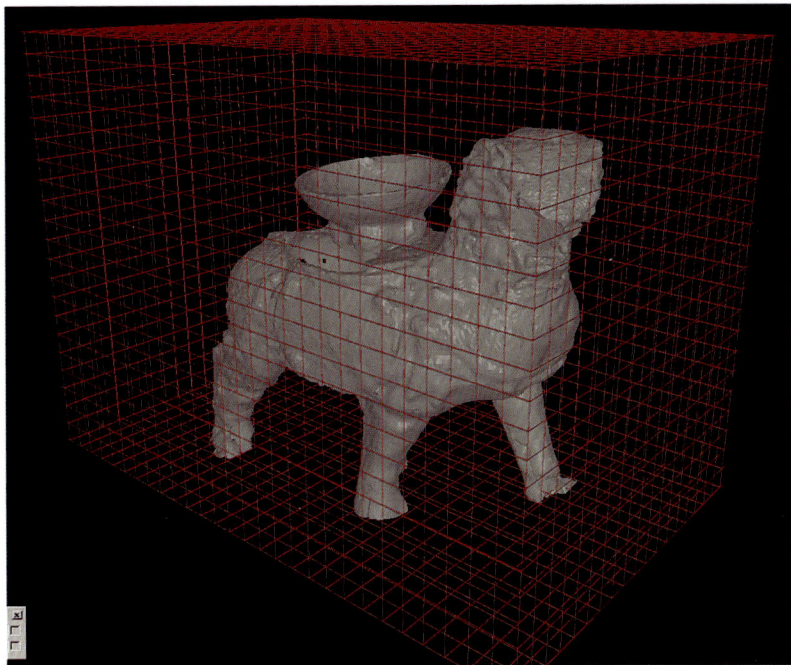

三维激光扫描成果

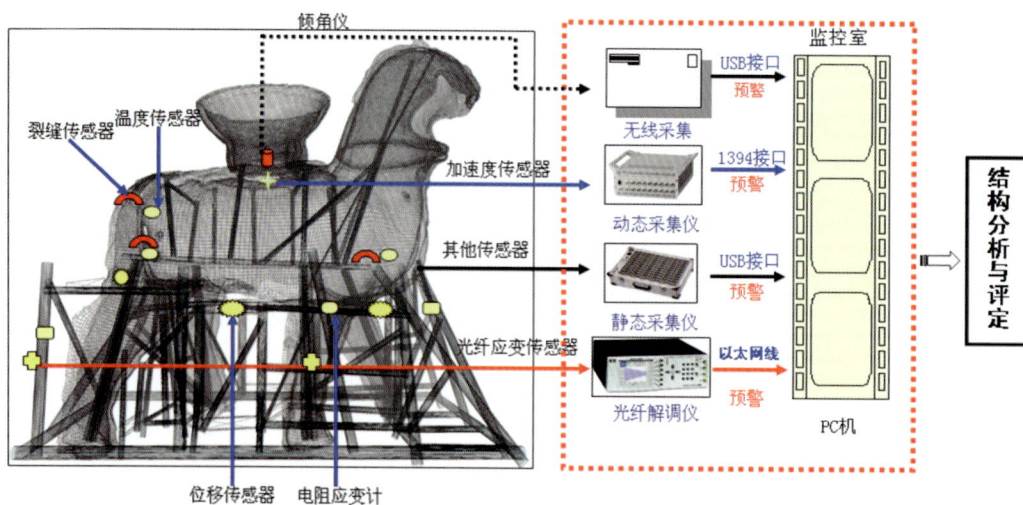

铁狮子结构健康监测系统

沧州铁狮子现状全景

第十一部分　考古现场的文物保护

　　近年来，重要考古发现不断出现，为我们了解祖国的悠久历史和灿烂文明提供了翔实丰富精美的实物。由于环境发生剧烈变化，出土文物尤其是脆弱材质文物往往在短时间内发生强烈变化，引起不可逆的破坏，"十一五"期间，针对考古发掘现场各种材质文物的现场保护问题，开始注重综合测绘、勘探、分析技术和现场应急保护技术等多学科的合作研究，探索出了不同的发掘及保护方法，能够最大限度地保存和揭示原始信息，为出土文物的长期保存创造了条件。

山西绛县横水墓地的出土文物保护

　　绛县横水西周墓地的发掘注重发掘现场文物保护技术的应用，出土了荒帷、青铜器、车马器、玉器等珍贵文物，了解了西周时期的葬俗，揭开了倗国所在地的谜团。横水西周墓地的发掘、保护和研究工作，是单座商周墓葬发掘中获取信息多、文物现场保护效果好的一个范例。

山西省绛县横水墓地全景

墓井支护

清理

筛选

现场加固

支护发掘

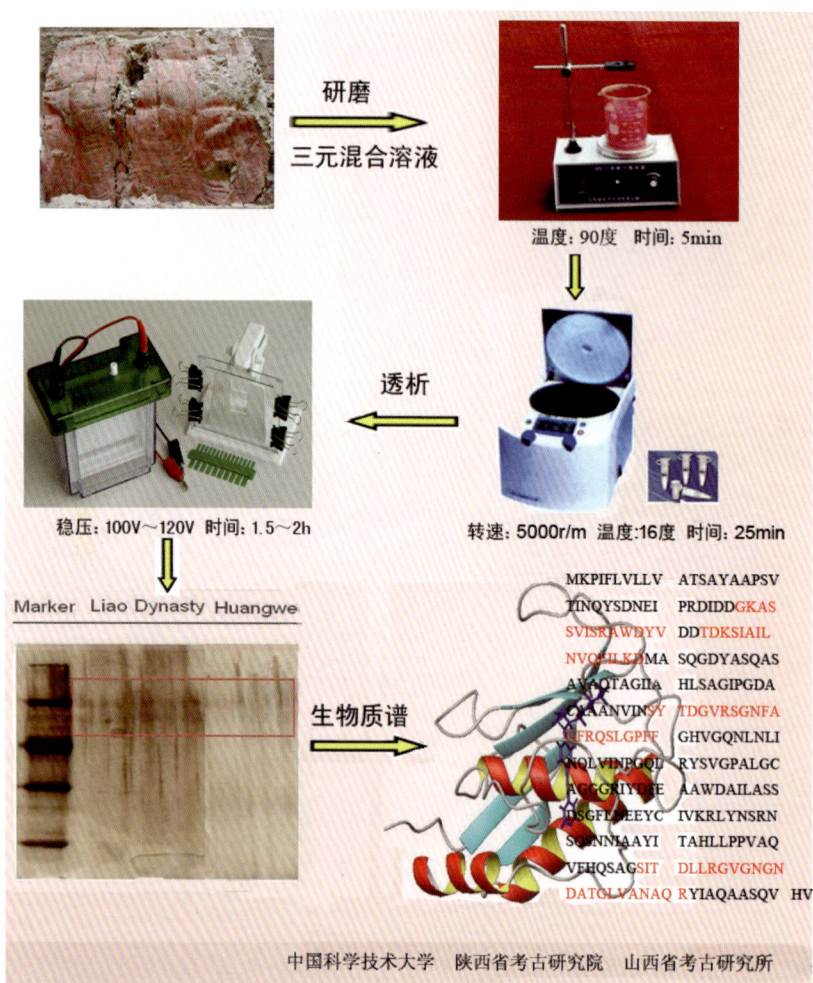

西周倗国墓地荒帷纺织材料鉴定分析流程

荒帷即当时的棺罩，其形状模拟住屋，顶部为荒，四垂称帷，罩于棺上。它也是当时诸侯入葬时的一种礼仪用品，先秦史籍《周礼》《礼记》等书，对不同等级所用的荒帷都有明确记载。但迄今为止，考古发现的大量周代墓葬中极少量发现过类似印痕。科学工作者对山西横水西周倗国墓出土的荒帷，进行了印痕纺织材料的鉴定技术研究。通过蚕丝腐蚀残留物分析技术，发现该荒帷的蛋白质为桑蚕丝蛋白，证明了古代文献中关于荒帷是丝织品的记载，填补了国际空白。

秦始皇陵石铠甲坑的出土文物保护

秦始皇兵马俑二号铠甲坑

石胄
秦陵 K9801 石铠甲坑出土
秦始皇兵马俑博物馆藏

K9801陪葬坑已发现石胄(即头盔，亦称兜鍪)50顶。石胄是模仿秦代皮胄而制的陪葬品。它的发现改变了长期以来人们对秦军装备的认识。史书记载秦军作战勇猛，重进攻而轻防御，因而不戴头盔；而出土的兵马俑中也确实没有带头盔的，所以"秦军无胄"几乎成了定论。但这些石胄证明了头盔是秦军的常规防护装备。在石胄的保护下，士兵头部只露出鼻眼之间的一小块空间，而且石胄下摆与铠甲领部配合紧密，对头部的防护十分周全。

石铠甲
秦陵 K9801 石铠甲坑出土
秦始皇兵马俑博物馆藏

石铠甲是模仿战国时期流行的皮质铠甲而制成的陪葬品。甲衣的甲片分为前后上旅、前后下旅、左右披膊、双肩、前后领口等6部分，该甲衣总重18千克。甲片质地为细密的石灰石，颜色为青灰色，呈层理状排列。甲片主要有长方形、正方形、舌形、等腰梯形、直角梯形、圆形几种；另外还有其它形制、属于特殊部位的异形片。甲片上钻有一些圆形或方形的小孔，用扁铜条联缀在一起。甲片未被叠压的边上有一道袜棱，非常美观；被叠压的角有磨角，以便联缀和甲胄伸缩。

甘肃省张家川马家塬战国墓地的出土文物保护

马家塬战国墓地的发掘为认识西戎文化的面貌提供了珍贵的实物资料。多种现代技术在马家塬墓地现场文物保护和文物提取等工作中得到应用，真正实现了最大限度保留更多的实物资料，相同条件下获取更多文物信息的目的，现场应急性保护的实施，也为后续保护与研究提供了坚实基础。

张家川马家塬墓地现场保护

第二单元 山河知岁月——现代科技在考古领域的应用

祖国大地蕴藏着极为丰富的文化遗产，山河江海都成为考古学家的工地。面对更为广阔的考古空间，现代考古学更需要自然科学的加入。随着空间信息、地球物理勘探、年代测定、分析检测等高新技术的引入，考古学的方法与手段更为丰富，从而导致了考古学从田野考古操作技术到实验室分析技术的全面发展，形成了多学科共同探讨考古学问题的局面，为系统诠释古代社会和文化，制定物质文化遗产的保护策略，以及开展公众教育提供了大量资料。

第一部分　现代科技与考古调查

近年来，田野考古和文物保护愈发重视高新科技在考古调查、发掘、空间地理信息的采集与记录、测绘等方面的应用，为及时、准确、全面地获取考古有效信息，并对所得结果进行即时的多重验证，为考古工作的即时决策提供有力的科技支撑。科学技术已在发现古代遗存，分析其空间分布，揭示其埋藏和保存状况，探索古代社会结构和人类行为，推进文化遗产管理等方面扮演着十分重要的角色。

空间信息技术

当前，3S——全球卫星定位系统（GPS）、地理信息系统（GIS）、航天摄影测量与遥感技术（RS）等现代测绘技术的应用，使得文物古迹考古信息的收集、记录和管理更为科学、规范和便捷，并在田野考古调查、大遗址保护等工作中，起着举足轻重的作用。

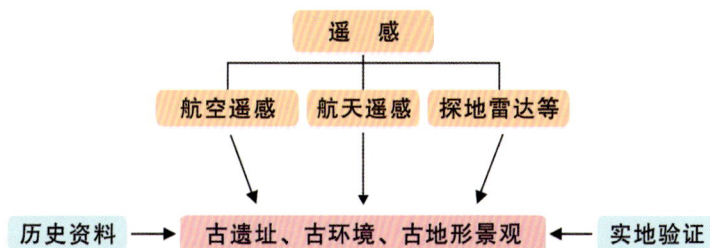

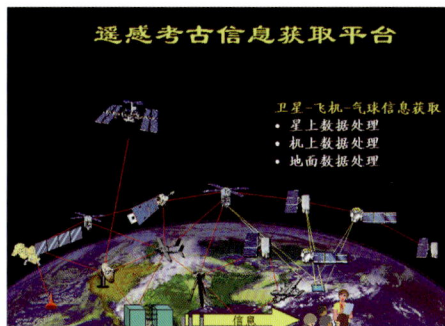

遥感技术原理示意图

遥感技术能够接收高分辨率、高光谱、高时相的遥感影像，对考古遗址进行地图更新，探究地下未知遗迹，实时掌握考古遗址及其周边环境的变化特征，是多重信息快速提取、动态更新与综合分析的主要手段。运用多种遥感影像处理技术，可以将不同种类影像中包含的有用信息集成在一起。

"垂直尾"型无人机

无人机低空航测遥感系统是由固定翼无人机飞行平台（含自动驾驶仪、面阵数码相机及其稳定云台），地面监控站，运输车和全流程作业软件构成。系统搭载两千万像素以上的面阵数码相机和自动旋偏修正云台，可以快速获取大比例尺真彩色航空影像，满足小区域航空摄影测量。该系统具备机动、高精度、和低成本等优势，能实现困难区域测绘，可用于低空遥感考古，以及数字城市建设、灾害应急处理、水环境监测、重大工程建设、土地监测及新农村建设规划等大比例尺航空摄影测量。

安阳殷墟遥感勘探

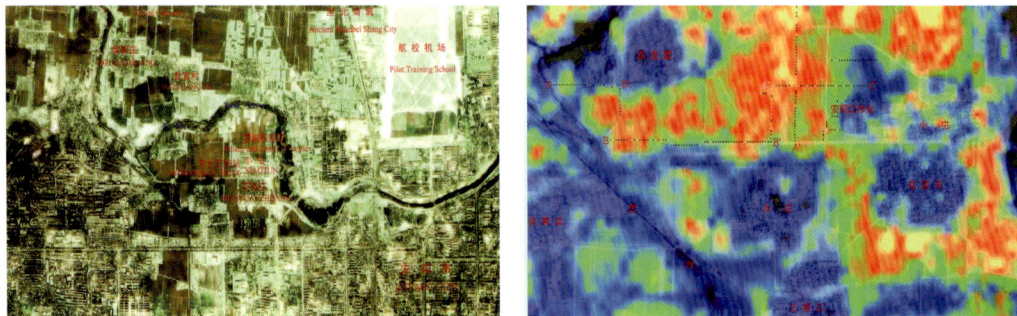

安阳殷墟、洹北商城卫星遥感影像与钻探结果对应图

图中红、橙、黄等暖色调区域的地面下基本上都有建筑基址等考古遗迹，白色小点为实地钻探后发现有夯土建筑的位置。

汉元帝渭陵的航空考古

为全面准确地掌握主陵及其陪葬墓的分布和规模，通过对二战期间拍摄的航片和2008年拍摄的卫星照片的观察释读，考古工作者发现陪葬墓园东侧有界墙，此结果与常规考古钻探互为验证。

二战期间航片

2008年航片

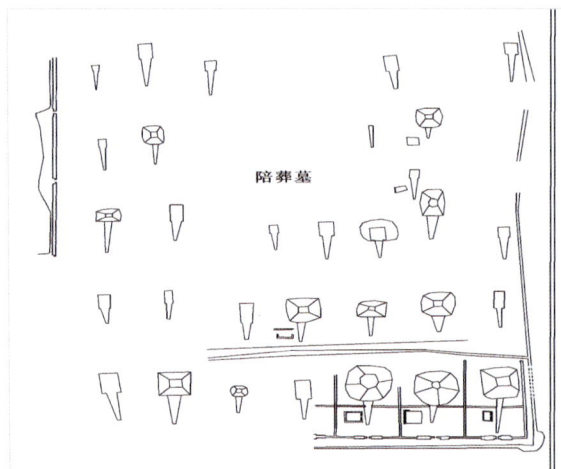

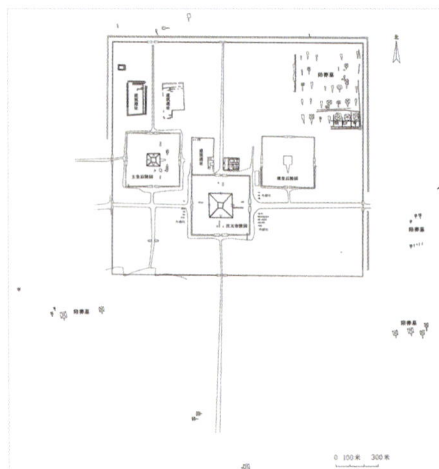

汉元帝渭陵陪葬墓考古钻探成果图

第三次全国文物普查

　　2007年启动的第三次全国文物普查，充分运用了信息网络、航天摄影测量与遥感、地理信息系统和全球卫星定位系统等现代科技手段，结合传统调查方法，提高了文物普查的时效性和相关标本、数据采集的真实性与完整性，建立了全国不可移动文物的基础数据库和电子地图。

遥感考古在新疆第三次全国文物普查中的应用

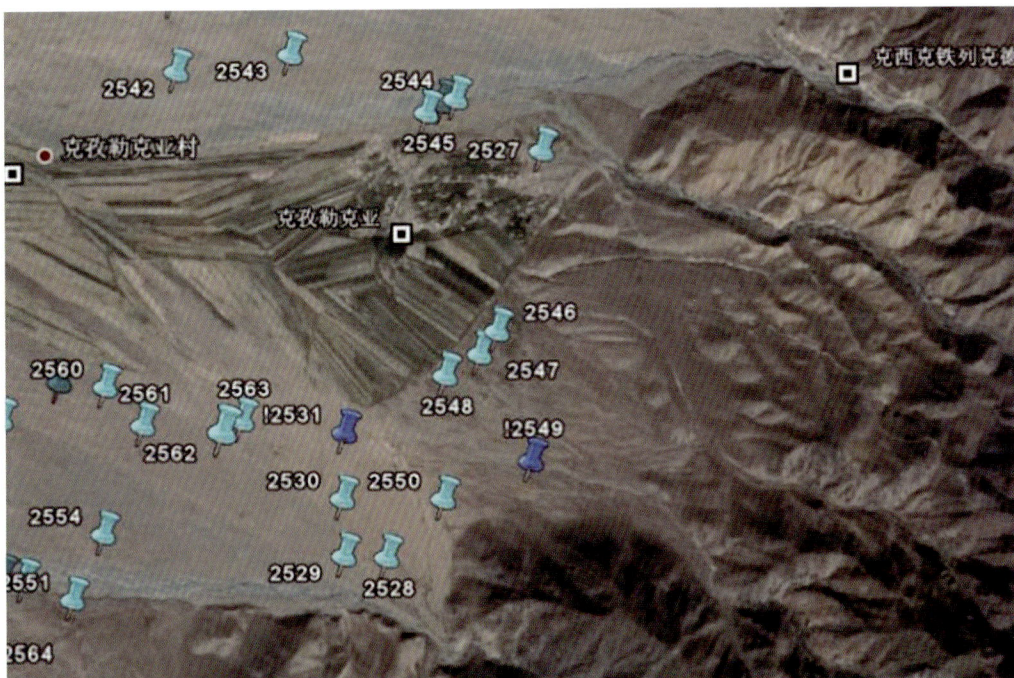

额敏县墓葬群

罗布泊地区尼雅遗址

明代长城资源调查

　　长城是我国最大的线性文化遗产。为了科学、全面、准确、详实地掌握明长城的分布、走向、长度等信息，科学管理长城资源调查成果，2006年9月，国家文物局会同国家测绘局组织开展了长城资源调查，首次利用考古调查与高精度航空遥感等先进技术相结合的方法，高效科学地对明长城田野调查要素进行了定性与定量。通过建立明长城沿线带状地带1：10,000精度的立体遥感影像模型，准确测定了人工墙体、天然险、壕堑以及各种附属设施的空间分布与长度，获得了明长城实际长度、资源分布、保存现状等第一手资料，摸清了明长城的家底，为提高长城的保护和管理水平提供了科学依据。

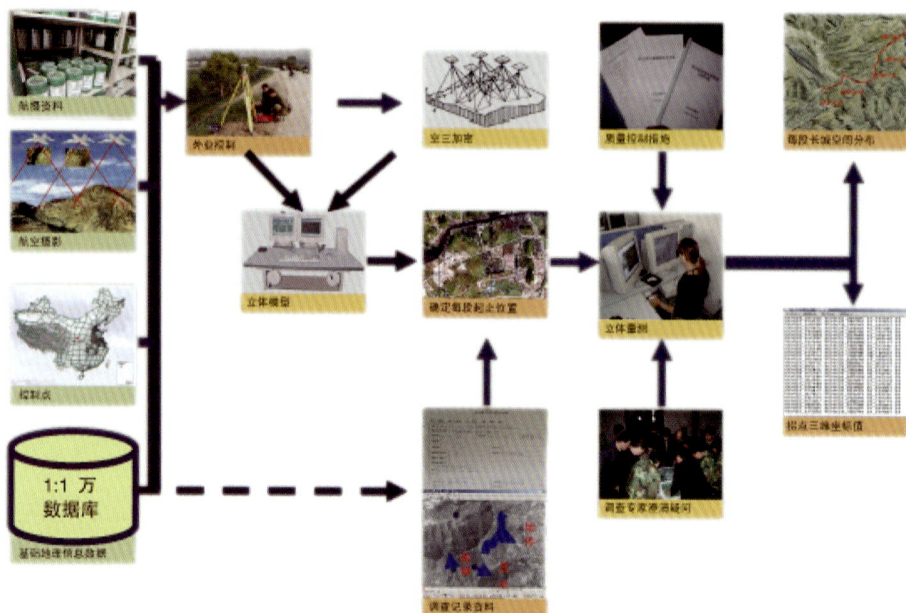

明长城资源调查的科学技术工作体系

　　明长城资源调查中，开创性地将遥感技术应用于田野调查的各个阶段，采用了基于影像规划调查路线、预判要素影像等技术，提高了工作效率和质量。

山海关三维模型

　　基于GPS测量、长城遥感影像的要素判识与标绘、数字摄影测量、外业调绘与内业数据采集，地理信息和数据库技术，考古工作者完成长城长度测量与长城带状专题数据基于GIS技术的《长城资源调查数据采集系统》，实现了对田野调查成果的信息化管理。

地球物理勘探技术

随着国家社会经济的全面发展以及国家重大基本建设项目的实施，传统的考古调查技术与设备已远远不能适应国家重大基本建设中抢救性发掘、保护的需求。电法、磁法等地球物理勘探技术的应用和发展，为进一步判定遗址规模、研究遗址或墓葬结构等问题提供了科学、有效的信息。

安徽蚌埠双墩一号墓的电法勘探

安徽蚌埠双墩一号墓被盗后，科技工作者利用电法技术对墓葬进行了勘探，推测图中红色高电阻区为墓室中心位置及范围，黑色低电阻区为墓室周边，中心绿色区为墓室中心盗洞。因为绿色区的电阻值高于黑色区的电阻值，由此判断，该墓葬中心盗洞可能没有挖到墓室底部，这一点后来被墓葬发掘的结果证实。

蚌埠双墩一号墓考古发掘探测前封土堆状况

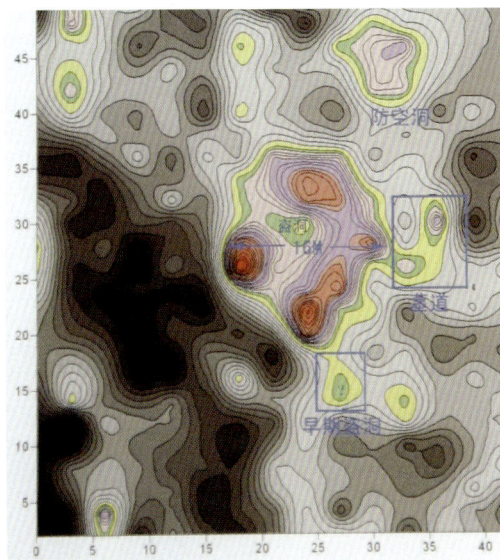

双墩一号墓电法探测结果

双墩一号墓封土堆发掘到与地面平行时，
揭示的盗洞和墓道情况

使用测地雷达探测唐陵遗址

　　陕西唐陵大遗址保护项目利用测地雷达和磁力探测仪对个别唐陵陵园遗址做了物理探测实验，并在勘探工作的基础上，进行局部发掘，二者结果较为吻合，从而了解到不同时期陵园建筑的形制特点，取得了显著的成果。

使用测地雷达探测昭陵寝宫遗址

使用测地雷达探测乾陵陵园南门遗址

唐太宗昭陵寝宫遗址物探图

　　昭陵陵园寝宫宫城的东北角城垣拐角遗迹的探测结果与钻探结果基本吻合。

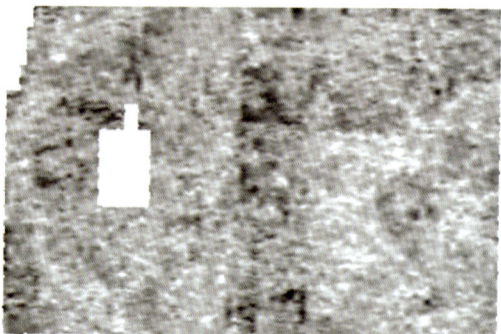

唐高宗乾陵陵园南门遗址探测图

　　乾陵陵园南门遗址北半部的扫描探测，显示出门址的夯土台基和北侧、西侧墙基遗迹。

第二部分 现代科技与考古发掘

考古发掘中考古资料的提取及保护依赖于多样化的现代科学技术手段。通过考古发掘，研究考古文化层形成的原因和过程，讨论人类遗留的物质文化内涵及古代人类的文化和社会行为，获取更多的考古信息；另外各种类型遗迹和不同材质的遗物，常因埋藏环境突变或发掘手段不当而损毁，因此，文物考古工作者综合应用多种现代科学技术，提高了考古现场文物信息提取及保护技术的水平，推动了考古发掘技术的进步。

考古数字化记录技术

传统测量工具罗盘、皮尺和锤球等精度有限、效率不高。随着电子全站仪、高精度 GPS 定位仪、三维激光扫描仪等高技术测量仪器在考古中的应用，测量效率和精度大为提高，提高了田野考古的数字化记录水平，改进了田野考古调查与发掘方法。

陕西省岐山周公庙遗址考古

周公庙考古研究，以判断凤凰山遗址聚落性质为目标，制定并实施了"大范围调查、大面积钻探、针对性发掘"的田野考古工作方法，建立了该遗址的考古学文化编年，基本探明了其布局情况，初步判断其为周公的分封地（采邑）。在发掘中，特别对数目庞大、出土状态散碎的西周甲骨进行了精确的测绘与记录，复原了甲骨坑的填埋与废弃过程，为研究古人的行为方式提供了传统记录形式难以获取的信息。

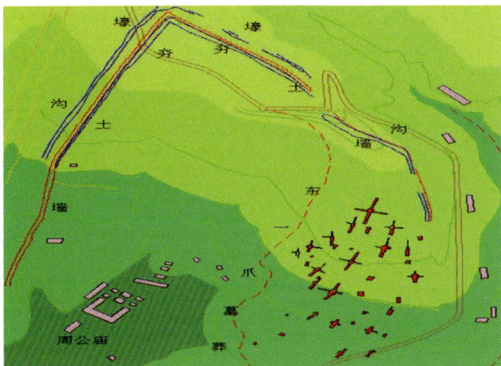

凤凰山遗址测绘

在应用 GPS、电子全站仪测绘的基础上，建立"考古调查 GIS 系统"和"钻探 GIS 系统"，大大提高了考古遗址信息采集、记录与管理的效率。

出土甲骨遗址样貌

为获取更多的考古遗存堆积信息，周公庙遗址采用了"开放式"的发掘方法。利用现代科技仪器与相关软件，可准确测绘卜甲的三维座标，制作相关数字位置图。

周公庙出土的甲骨

周人卜甲上的方形钻痕

"宁风"祭祀卜甲

"王季"卜甲

　　凤凰山甲骨在出土时已经十分破碎，亟需缀合以便释读。在出土后又发现有变色、酥粉、开裂、腐蚀、表面沉积、霉变、泛盐等病害，已初步实施了一套妥善的保护方案——清洗、脱盐、加固、粘接、缀合、入藏等，使甲骨的保存状况得以改善，并防止进一步恶化。

广东省沙地环境中的新村遗址发掘

　　沙地遗址容易塌陷，使得考古发掘工作难以深入，并造成地层不清、遗物混乱等问题。针对这一难题，考古工作者综合运用多种物理、化学等科技手段，研究改进了沙地环境遗址发掘方式和技术手段，取得了突破性进展。

广东省台山新村沙丘遗址第二三发掘区航拍照片

加固探方壁

加固后效果

　　台山新村沙丘遗址的发掘中，在不影响其它科学检测的前提下，科学工作者利用物理与化学方法对海边沙地的沙土进行了加固，解决了沙地环境遗址的地层堆积问题，创新了沙丘遗址发掘方法。

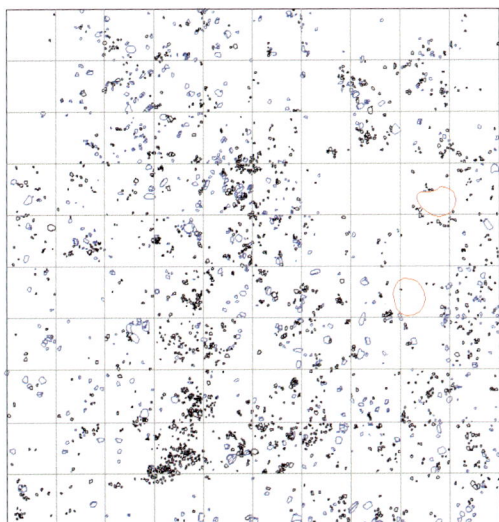

新村沙丘遗址 TN69W14③层下遗迹遗物分布矢量图（注：蓝色标示石器及石片；黑色标示陶片；红色标示遗迹）与拼接完成探方（100平方米）正投影照片

实验室考古清理

　　对埋藏环境恶劣、腐蚀严重，在现场难以进行发掘清理和难以提取的脆弱文物，需要进行整体提取，进而移至实验室进行考古清理，以更大程度地获取文物考古信息并实施有效保护。

浙江省瓯海土墩墓出土器物清理

　　浙江省瓯海土墩墓出土的两把青铜剑上下叠压，中间夹有玉璧和玉玦；由于青铜剑腐蚀严重，需要在考古现场整体带土提取，然后进行实验室考古清理。

清理前带土提取的严重腐蚀青铜文物

随着青铜剑的进一步清理，发现了玉璧和玉玦，获得了更丰富的考古信息。

出土的青铜剑

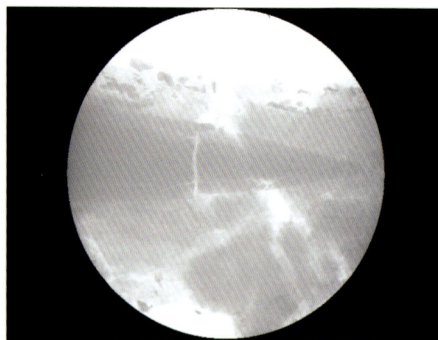

包裹于土中青铜剑的局部 X 光片，显示断裂和破碎现象

青铜箭镞

清理、保护处理后的青铜剑

水下考古

    我国水下考古的迅速发展，在为我们带来大量珍贵水下文物的同时，更给我们提出了许多新的问题。发掘品的脱水、脱盐及防腐问题便成为水下考古文物保护工作中一个不可回避的问题。而考古发掘出水陶瓷器的脱盐保护研究，正是这方面工作的投石问路之举。

水下考古发掘现场

朝鲜海域出水瓷器被海盐和海生生物侵蚀

渤海辽宁绥中出水龙泉瓷盆覆盖海生物残壳

扫描电镜下出水陶瓷缝隙里的盐类结晶

扫描电镜下出水陶瓷釉面孔洞、裂缝

"十一五"期间，文物保护科技人员从研究影响水下古陶瓷器保存状态的水文地质、海洋地理、海洋附着生物等因素出发，对出水陶瓷器的制作材料及海洋沉积物进行分析测试研究，探索出静态去离子水浸泡、超声波加速、流动水冲洗等遭受海水可溶盐侵蚀陶瓷器的脱盐方法并得以初步应用。

通过对广东"南海I号"、"南澳I号"及海南西沙"华光礁I号"等沉船的抢救性保护、发掘工作，我国在水下遗址定位、扰层清理、信息留存、文物提取、出水文物保护等方面取得突破，水下考古学理论与方法日臻完善。

近年来，我国水下考古对旁测声纳、浅地层剖面仪、水下无线通话设备、实时差分定位系统等技术装备的应用已很普遍，而多波束声纳、超短基线定位系统和水下机器人等高技术装备也开始投入使用。

中国国家博物馆的科技人员在清理辽宁绥中打捞出水的瓷器

渤海辽宁绥中出水的元代白釉黑花婴戏图罐（清洗后）

碗礁 I 号出水青花瓷器一组
中国国家博物馆藏

水下考古工作流程图

1. 讨论工作方案

2. 遗址扰层清理

3. 清理文物

4. 水下测绘记录

5. 水下摄影

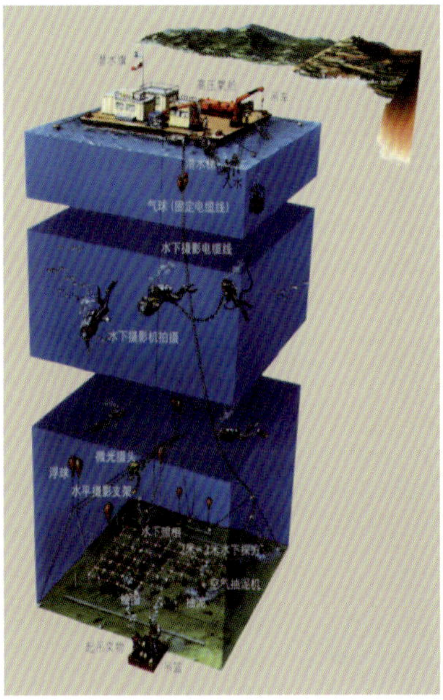

6. 出水船体现场保护处理

7. 出水文物分类整理

水下考古工作流程图

"南海Ⅰ号"整体打捞及保护

"南海Ⅰ号"整体打捞涉及海洋打捞、海洋环境、海洋工程测量、水工工程、岩土和流体力学、考古与文物保护科技等多学科的理论和技术。考古工作者研发运用了由沉井定位、底托梁穿引、钢沉箱的保泥保水、钢沉箱起浮和岸基拉移等技术构成的沉箱法，完成了"南海Ⅰ号"沉船的整体打捞；通过古沉船保存环境的构建与维持技术，实现了对"南海Ⅰ号"保存现状的维持和保护，在大型水下文物的异地保护方面取得了开创性的成果。

2009年考古工作者在"水晶宫"内进行"南海Ⅰ号"考古试掘

揭露出的沉船结构

文物出土现场保护移动实验室

各类文化遗产，隐含了丰富的社会历史信息。采集、释读这些信息和现场提取保护脆弱文物，仅凭人工是无法实现的。地下有无遗存，墓葬内有什么文物，文物是什么材质，墓内温湿度、气体如何、应该采用何种保护措施？面对这样的问题，我们必须借助科学仪器与装备。因此，科技工作者研发了文物出土现场保护移动实验室。

文物出土现场保护移动实验室具有现场信息采集、墓葬智能探测、现场快速分析和现场应急保护等功能，是考古发掘现场调查、探测、保护等系列技术和所需仪器装备的集成系统，能为科学制定发掘预案和现场应急保护提供支持。

移动实验室（车）

文物出土现场保护移动实验室的四大功能

功能之一——空间信息采集系统（3S）集成

    该系统主要是将现代测绘技术（电子全站仪、数字摄影测量、全球定位 GPS）、遥感技术（RS）与地理信息系统（GIS）集成运用，研发形成考古现场地理信息系统。实现考古遗址的空间定位、信息采集、测绘记录、数据处理、存储传输和三维模拟等一体化功能。

重庆钓鱼城遗址发掘区照片

钓鱼城遗址发掘区的三维模型

Lensphoto 多基线数字近景摄影测量系统对重庆钓鱼城遗址发掘区进行测量产生的三维模型

新疆七个星古城、玉孜干古城和卓尔库特古城航空影像与卫星影像融合图

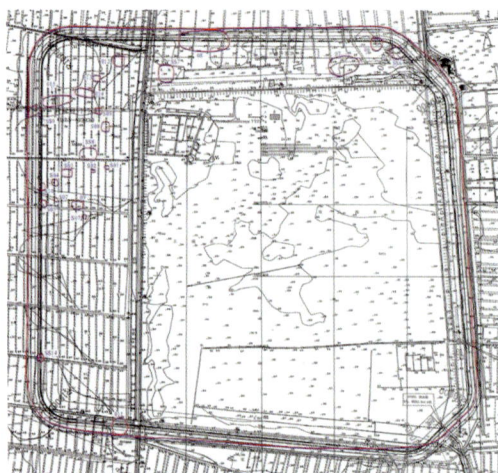

寿光双王城遗址地形图

寿光双王城卫星影像与地形图叠加

功能之二——古代墓葬智能预探测系统

古墓内有什么文物，墓室结构、环境如何？马王堆汉墓女尸为何千年不腐，墓内环境对文物出土后的保护有什么启示？……探测机器人可探索这些秘密。探测机器人也被称作古代墓葬智能预探测系统，它携带具有云台功能的摄像机，探测半径20米，具有夜视功能，并带有低照度光源，确保拍摄彩色影像的效果。此外，它还带有6个传感器，能够测量墓室内温度、湿度、氧气、二氧化碳、硫化氢和甲烷等6项环境指标。

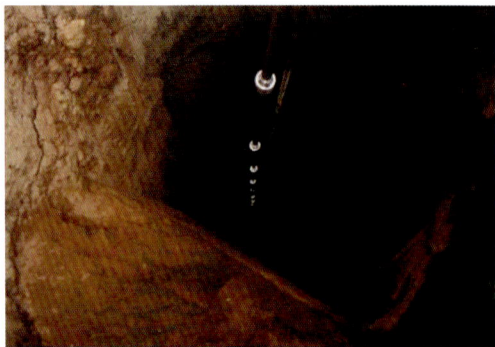

履带车载式探测器沿庞流墓盗洞进入探测

履带车载式探测器

履带车载式探测器在探测中传回地面工作站的墓室壁画影像

带有防水功能的履带车载式探测器尺寸为170×170×150毫米，爬坡能力为42度，防水、防侧翻，可沿孔径较大的盗洞进入墓葬进行探测。

直线式探测器与外部控制设备

直线式探测器工作示意

功能之三——文物出土现场应急保护技术及装置

文物发掘出土后，环境骤变，可能加速腐蚀。脆弱的文物可能在几分钟内迅速劣变甚至化为灰烬。针对考古发掘现场可能出土的金属、陶瓷、纺织品、纸张、书画、石器、漆器等各类文物，文物出土现场应急保护系统，研究和探索出针对不同类型出土文物所采取的应急保护技术和方法。

文物出土现场应急工具

便携式工具包

常规处理保护工具

现场清理工具

功能之四——环境监测与仪器分析设备集成系统

环境监测与仪器分析设备集成系统，主要针对考古发掘现场的需求，研究筛选文物埋藏与发掘现场环境的监测装置和方法，研究筛选出土文物材质及病害分析的方法和仪器。科研人员在充分吸收国外文物保护移动实验室现场检测设备和技术的基础上，结合我国考古现场分析检测的实际需要，确定了由以下仪器组成的出土文物材质与病害信息检测系统：

出土文物形貌观察——数码显微镜

出土文物病害和材质元素分析——便携式X射线荧光光谱仪

出土文物组成分析——便携式拉曼光谱仪

出土文物多光谱分析和成像系统

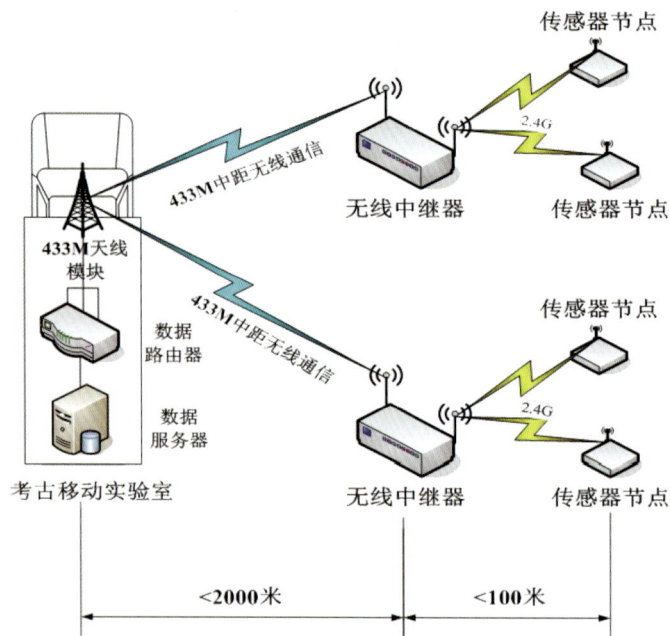

微气象环境监测系统架构示意图

文物病害与材质分析系统应用于考古现场

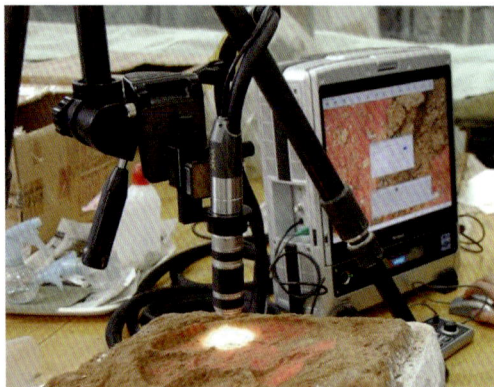

KEYENCE VHX-600K 数码显微镜在考古现场观察出土器物

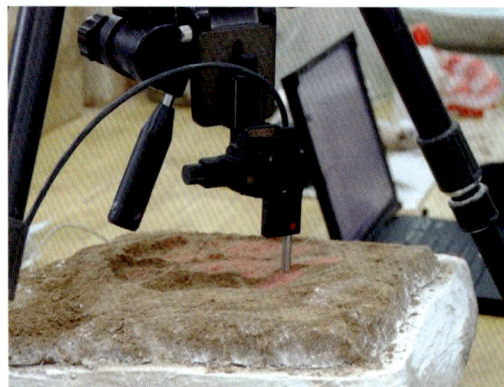

Ocean Optics QE65000 拉曼光谱仪在考古现场分析出土器物

Niton XL3t X 射线荧光光谱仪应用于考古现场

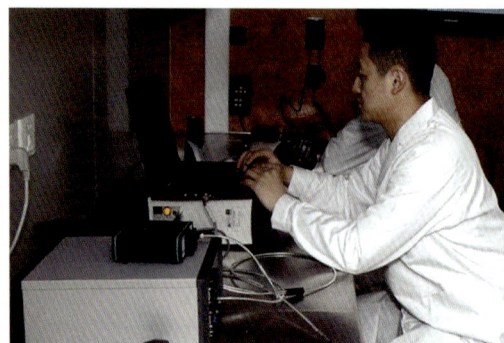

LabSpec5000 系列近红外光谱仪应用于考古现场

第三部分　现代分析技术与考古研究

　　当前，考古资料的实验室分析研究迅猛发展，并逐渐形成一种多学科密切合作的研究模式。考古工作者利用碳十四、释光、铀系和电子自旋共振等测年技术初步建立起中国旧、新石器时代的绝对年代框架，在体质人类学、分子生物学、环境考古、动植物考古、玉石、陶瓷和金属器化学分析和微观组织分析等方面取得重要进展。特别是通过"十一五"国家科技支撑计划项目"中华文明探源工程"的组织和实施，各种考古资料的实验室分析技术与手段得到全面发展，最大限度地提取了文物蕴涵的历史文化信息，为深入开展考古学与文物保护研究创造了良好条件。

年代测定技术

　　利用物质的放射性规律发展起来的碳十四、释光和铀系法测年等多种测年技术应用于考古领域，并在建立考古年代标尺方面有效地发挥作用。通过与田野考古调查与发掘的密切合作，考古测年样品采集的标准化工作得以加强，测年效率、精度和质量监控水平大幅提高，为确定古代遗存的绝对年代奠定了技术基础。

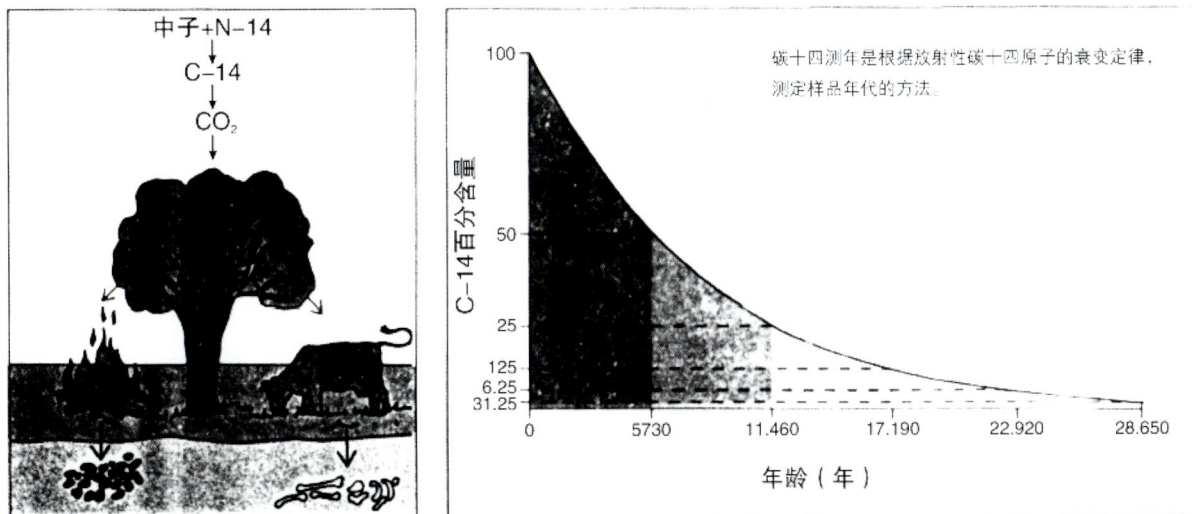

碳十四测年原理：碳十四测年是根据放射性碳十四原子的衰变测定样品年代的方法

碳十四样品采集

加速器质谱碳十四测年石墨制样系统

加速器质谱仪

　　依托"十一五"国家科技支撑计划项目"中华文明探源工程"等，我国加速器质谱碳十四测年技术水平得到了极大提高，目前北京大学加速器质谱碳十四年代测定的精度好于0.4%，即误差小于32年，本底为55,000年。

第五次国际碳十四比对结果

样 品		A（pMC）	C (pMC)	B (BP)	D (BP)
加权平均值	测定值	109.1	110.7	2820	2836
	标准差	0.04	0.04	3.3	3.3
标准样品测定结果	平均值	108.6	109.8	2825	2859
	中 值	109.1	110.6	2815	2835
	标准差	2.78	2.35	198.7	185.2
	最小值	92.0	98.6	2460	2580
	最大值	113.0	112.6	3979	3998
北大的测定结果	测定值	108.78	110.48	2834	2859
	标准差	0.4	0.4	35	28

第五次国际碳十四比对工作中，国际上100多家实验室参与，北京大学加速器质谱碳十四实验室的结果达到了国际先进水平。

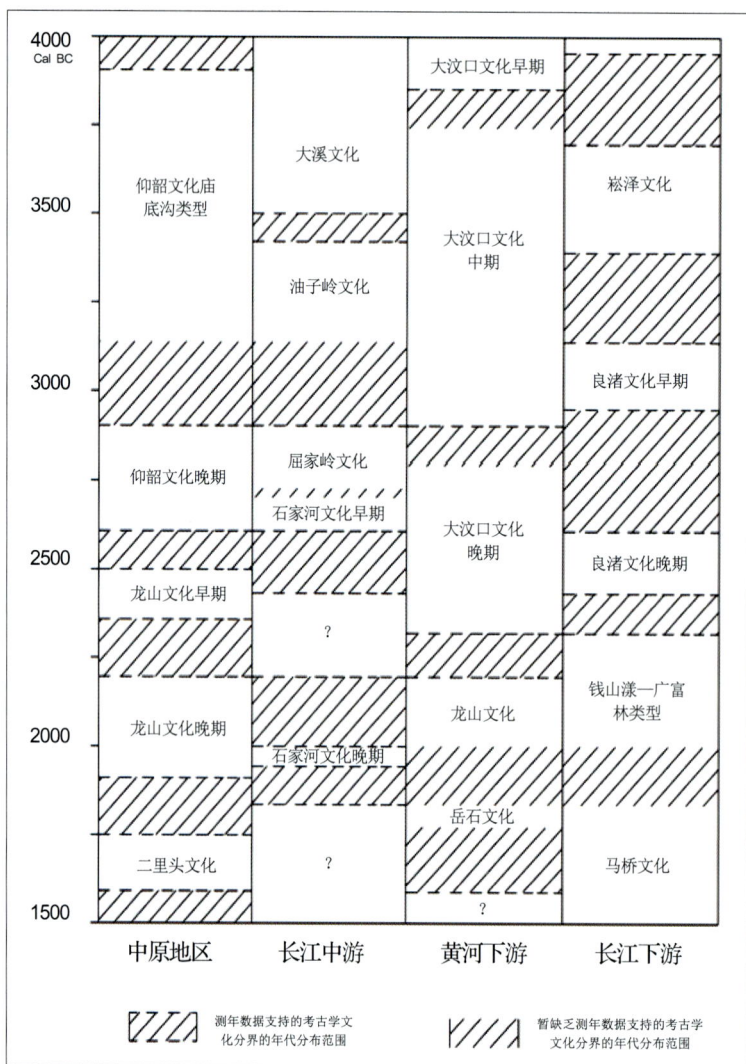

中国文明起源与早期发展阶段（3500BC-1500BC）的时空框架

"十一五"国家科技支撑计划项目"中华文明探源工程"的研究表明，公元前3500年左右开始，我国各主要文化区的文明化进程均呈现出加速发展的趋势。在公元前3000年左右，一些文化和社会发展较快的地区开始相继进入初期文明阶段。公元前3000至公元前2000年前后，各主要文化区的文明化进程在剧烈的社会动荡中加速发展和演变。公元前1700年前后，相当于夏代后期的河南偃师二里头遗址强势崛起，标志着中国早期文明化进程发展到一个崭新的阶段。

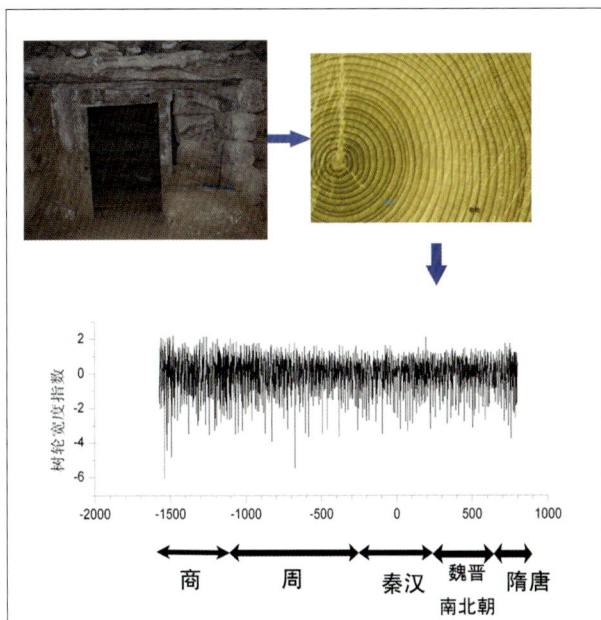

树轮定年法

根据青海省德令哈地区夏塔图墓葬出土祁连圆柏木进行的树轮年代学精确定年，建立了公元前1500年至公元800年间2300多年的长序列年轮年表，是目前我国最长的树轮年表，为今后中国干旱区开展考古木材的树轮分析工作提供了宝贵的经验。

释光测年采样

释光测年技术已应用到几乎所有的第四纪沉积物定年上，尤其对一些缺少有机碳和年代老于40000年的沉积物样品，它更是一种非常有用的测年工具。"十一五"期间，多处旧石器时代遗址的年代测定工作，为构筑中国早期智人起源年代框架，研究古遗址与环境演化、气候变化之间的关系提供了较多的年代数据，展示出广泛的应用前景。

利用DNA技术研究人类的起源与进化

DNA技术的引入，可以从分子生物学的水平上了解人类的起源与进化、墓葬个体间亲缘关系、开展墓葬群体关系（族属）研究、鉴定人类遗存的性别、病理与饮食、研究动物的家养和驯化、植物的栽培过程等问题，并在古代社会形态的复原等方面取得了较多成果。DNA技术可回答古人从哪里来，驯化的动物从哪里来，培育的植物从哪里来这些问题。

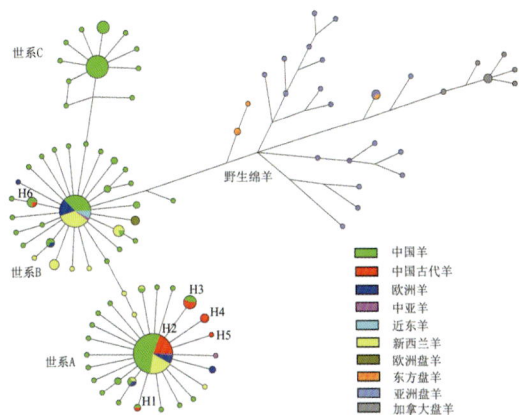

DNA研究东亚西亚绵羊品种的相互关系

世系A包括现在东亚和中亚地区的绵羊，世系B包括现在西亚和欧洲地区的绵羊，将中国古代羊的DNA与世系A和世系B进行比较，发现在两者中都有分布，证明当时西亚地区的绵羊进入现在的中国境内。

107

动植物考古与早期人类的食物结构

通过古代动植物遗存数量和种属的判定，研究动植物遗存的形态与分布；通过人和动物骨骼的碳、氮的同位素比值分析，获悉人或动物的主食组成和营养状况；通过氧和锶的同位素比值分析，追溯人群的迁徙情况。这些研究为重构先人的食物结构，探讨人与环境、动物和植物之间的生态关系和经济意义，研究人类的社会结构与意识形态提供了有效信息。

水稻

稻谷栽培是野生稻在人类行为的影响下逐渐演变成为栽培稻的植物进化过程。目前世界上发现的最早的稻谷遗存，是出土于江西万年仙人洞 / 吊桶环遗址的稻谷植硅石，年代大约在距今 12000 年以前。浙江浦江上山遗址出土了距今 10000 年前的炭化稻米遗存，浙江余姚河姆渡 / 田螺山遗址的发现为探讨稻作农业在长江下游的逐渐形成过程提供了丰富的考古遗存。

谷子和糜子

谷子和糜子两种小米的栽培也应该在距今 10000 年前后。目前年代可靠的最早的小米遗存存在于距今 7000-8000 年前新石器时代早期的考古遗址中，例如：辽西地区的兴隆沟遗址、山东半岛的月庄遗址、中原地区的磁山 / 裴李岗遗址、西北地区的大地湾遗址等。

大豆

一般认为，大豆起源于中国。目前考古出土的从形态特征上可以确定为栽培大豆的遗存出土于距今 4000 年的龙山时代考古遗址。但是，早在距今 8000 年前的新石器时代早期的贾湖遗址就出土了可能为人工种植的大豆遗存。

小麦

小麦起源于西亚，大约在距今 4000-5000 年间传入中国，在距今 3500 年前后的商王朝时期，小麦成为了中国北方普遍种植的农作物品种之一。大约在秦汉以后，小麦逐渐取代小米成为中国北方旱作农业的主体农作物。

采集植物考古样品

　　浮选法是发现古代植物遗存的一种田野考古方法。考古遗址中埋藏的炭化植物比重略小于水，因此将土样放入水中，可使炭化植物浮出水面进而提取之。考古使用的浮选设备多种多样，水波浮选仪是一种相对复杂的浮选设备。

我国最早驯化的马、猪、牛、羊、狗、鸡等骨骼标本

家猪头骨

羊右下颌

家马右下颌

黄牛角

家鸡骨

现代狼与家犬的对比照片

现代原鸡与家鸡的对比照片

野外清理收集动物遗存

室内鉴定与整理

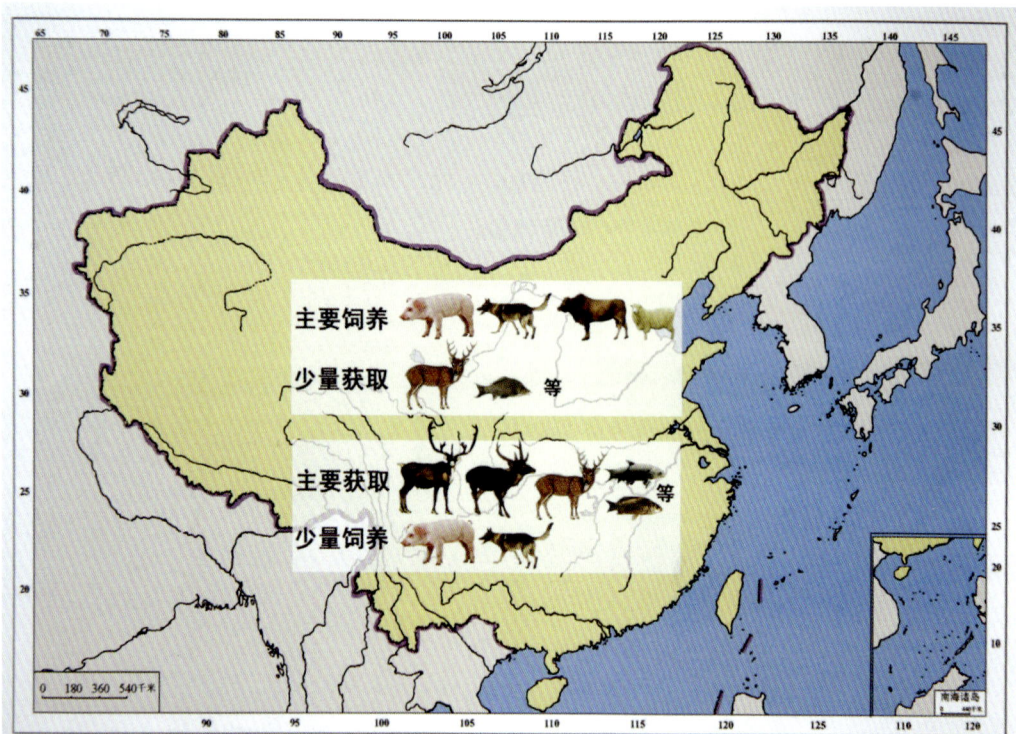

主要饲养

少量获取　　等

主要获取

少量饲养　　等

黄河流域和长江流域获取肉食资源方式的差异情况

　　"十一五"国家科技支撑计划项目"中华文明探源工程"的研究表明，新石器时代黄河流域和长江流域获取肉食资源的方式存在明显差异。从公元前5000年—公元前4000年间开始，黄河流域多数地区古代居民主要通过饲养家猪等家畜来获取肉食资源；而长江流域古代居民主要通过渔猎野生动物作为肉食资源，饲养家畜的比例不高。

部分考古遗址人类食性分析结果表

遗　址	遗址所在地点	约计年代	分析结果（人们主食中的百分比）		分析结果（数值显示的是食物营养级的相对高低）
			C4 类植物百分比（%）（C4 类植物主要包括小米、黍、玉米、高粱等）	C3 类植物百分比（%）（C3 类植物主要包括稻、麦、块茎类等）	氮十五平均值（δ15N，‰）
兴隆洼	内蒙古敖汉旗	公元前6000年	85.30	14.70	10.02
西山	河南郑州	公元前4000多年	90.21	9.79	9.01
西坡	河南灵宝	公元前3000多年	80.00	20.00	9.4
北庄	山东长岛	公元前3000多年	93.10	6.90	13.17
陶寺	山西襄汾	公元前2000年	100.00	0.00	8.88
二里头	河南偃师	公元前1700多年	88.00	12.00	10.2
殷墟	河南安阳	公元前1000多年	93.30	6.70	
河姆渡	浙江余姚	公元前4000多年	13.50	86.50	11.40
青浦	上海青浦	公元前3000多年	0.80	99.20	10.85
上孙家	青海大通	公元前1000多年	29.90	70.10	8.79
焉不拉克	新疆哈密	公元前1000年	41.30	58.70	13.79

　　碳十三、氮十五两种分析相结合，可区分农业、牧业、渔业等不同的生存环境。如距今8000年的内蒙古兴隆洼遗址、距今5000年的河南西坡遗址、距今3000年的安阳殷墟等遗址的人类是以小米为主食，而浙江余姚河姆渡遗址、上海青浦松泽文化等遗址的古人类是以稻谷为主食，青海大通上孙家遗址的人类则小米、麦类兼食。在营养状况上，中原地区食肉较少，而甘肃玉门火烧沟遗址的人类则食肉较多。

环境考古

　　采用地貌与第四纪地质调查和多指标的古环境分析方法，以自然地层和文化堆积为主要分析对象，大量有关古环境重建和人地关系的研究成果不断涌现，为了解古人的生存环境，以及古人的行为与自然环境的相互关系提供了大量资料。"十一五"国家科技支撑计划项目"中华文明探源工程"对中原地区及周边其他文明起源中心公元前3500年至公元前1500年间的古环境进行重建，探讨区域人地关系发生、演变的过程，并探索自然环境在中国文明产生和早期发展过程中的作用。

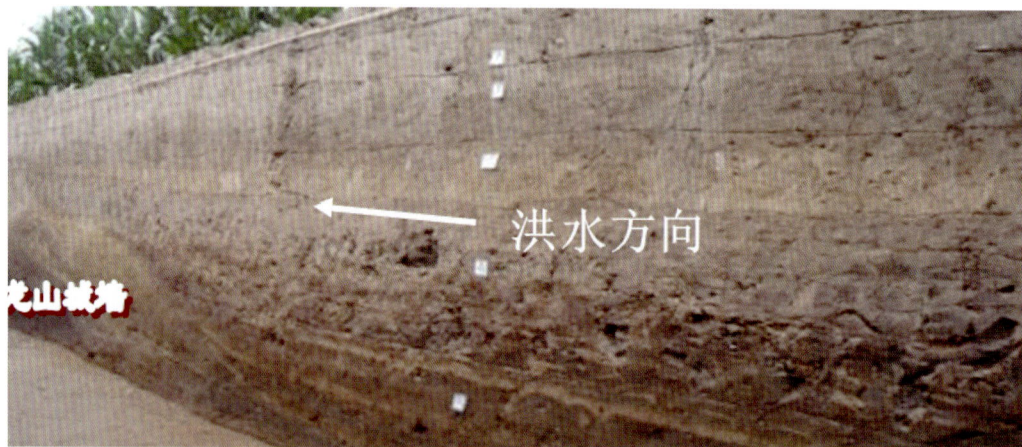

河南西金城遗址古洪水与古地震遗迹

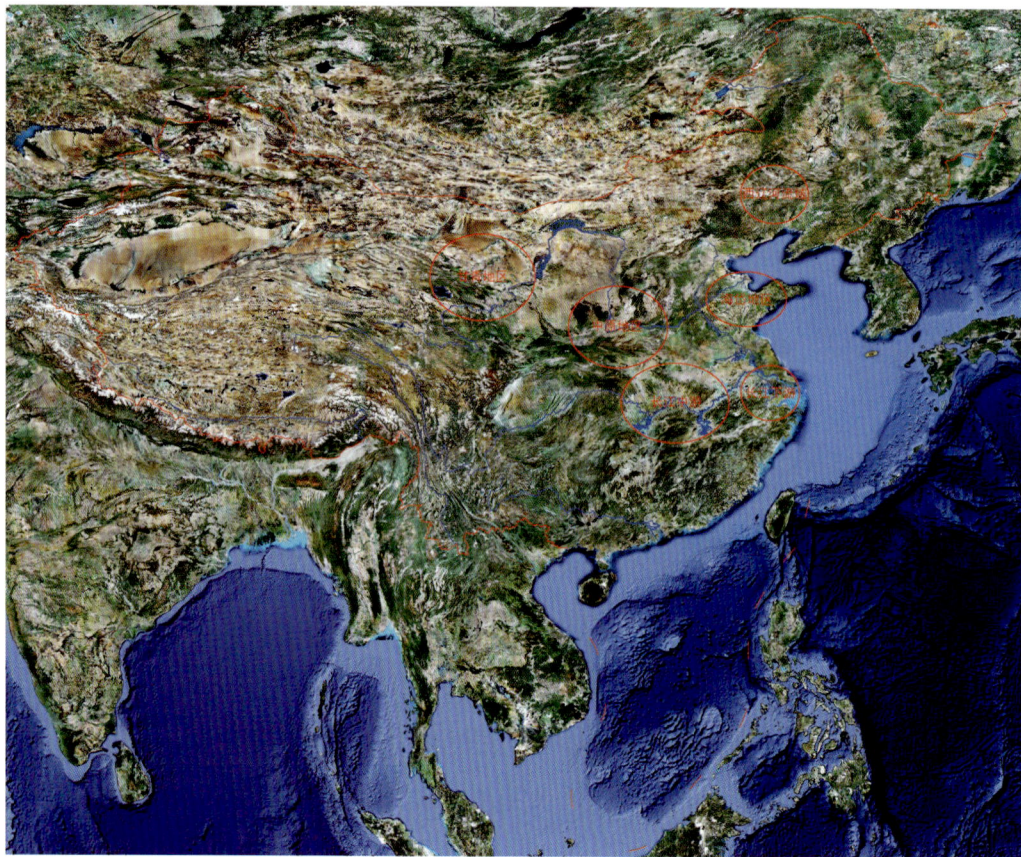

环境因素对中华文明的形成的影响

　　"十一五"国家科技支撑计划项目"中华文明探源工程"的研究表明，中国地理环境的内聚性、相对独立性与内部各地理单元环境的差异性，是中华文明多元一体格局形成的重要基础。气候的变化对各地区文明化进程产生过深刻的影响。中原地区的环境优势是促成该地区逐渐成为多元一体文化格局中心的重要因素之一。环境同人类活动的互动作用可能影响了某些地区的文明化进程。

物质结构及成分技术

　　石料、盐和金属等资源的利用与政治、经济发展状况密切相关，在文明进程中具有重要作用。通过采矿、冶铸、陶瓷烧造和盐业遗址的考古调查，以及对陶瓷、玻璃、玉石器和金属器的制作工艺与成分的分析，证明不同地区具有不同的重要资源控制形式，揭示了先人的生存、生活状况和生产力水平。

玉龟
红山文化
辽宁省建平县牛河梁遗址出土
辽宁省文物考古研究所藏

　　通体淡绿色，龟身呈椭圆形，龟壳隆起，阴线勾勒出龟背纹。腹部正中有一圆凹坑，其上有对琢两孔。出土于墓主人胸部，腹甲向上。

弦纹玉璧
商
江西省新干县大洋洲遗址出土
江西省博物馆藏

直内玉戈
商
江西省新干县大洋洲遗址出土
江西省博物馆藏

料器
甘肃省文物考古研究所藏

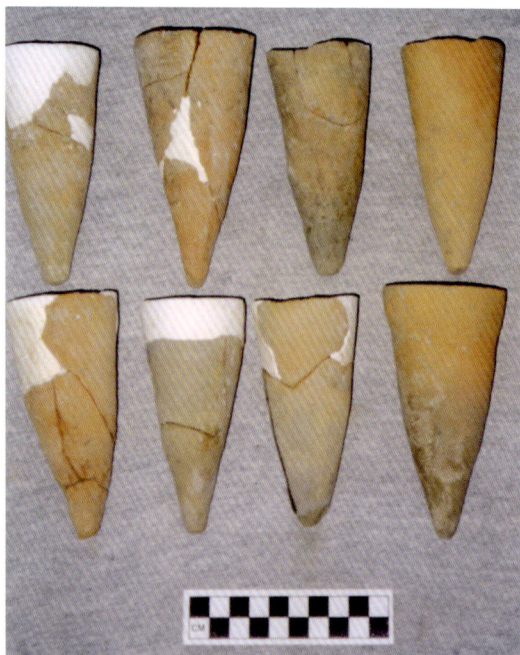

重庆中坝制盐遗址外景

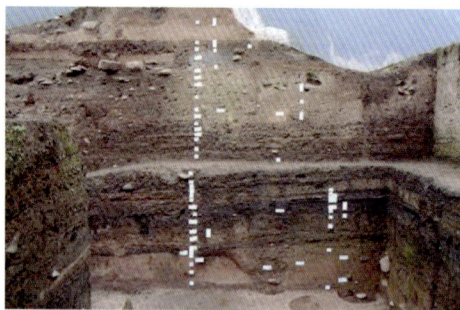

重庆中坝遗址的地层

尖底杯
商末至西周初
重庆市忠县甘井沟遗址出土
重庆市忠县文物局藏

从1999年开始，中外学者对成都平原及周边地区的盐业遗址和近现代盐厂进行了一次大范围的考古学和人类学调查，并参与了重庆忠县中坝遗址的考古发掘，大量的出土遗物证实，干井河谷的制盐业至少可上溯到公元前2000年的新石器时代晚期，由此持续到20世纪60年代，甚至更晚。目前，该项目所取得的一系列成果以及中国盐业考古呈现的巨大潜力已经引起国际学术界的高度关注。

山东寿光双王城制盐遗址的制盐作坊全景

煮盐盐灶残迹

山东寿光双王城制盐遗址的浓缩卤水坑

2009年3月，山东寿光双王城水库盐业考古发现当选"全国十大考古新发现"。截至2010年为止，山东省发现的与盐业有关的遗址已达700余处。

第四单元 德行无疆 —— 广泛深入开展国际合作

中国文物保护工作者近年来活跃于国际舞台，全方位参与国际事务，逐步成长为国际文化遗产领域的一支重要力量。国外的文化遗产保护工作者也与中国同行建立了广泛的合作关系。通过国际交流与合作，中国文物保护工作者有效地利用了国际优质科技资源，提高了我国文化遗产保护科技工作水平，同时也向世界展示了我国文化遗产保护的科技成就。

第一部分　参与国际组织活动

　　中国加入并积极履行国际公约、参与国际组织工作，既拓展了我国的对外开放领域，有利于发挥我国在国际文物保护领域的作用，也促进了国际文物保护先进理念在我国的传播。通过合作，中国文化遗产的独特价值、内涵，以及保护的程序和方法，已经越来越得到世界的认同。

　　中国在国际组织中维护文物保护的普遍原则，不仅得到广大发展中国家的拥护，也得到文物保护先进国家的理解和支持，在国际组织中的作用日益凸显。中国专家进入国际组织领导层，在国际组织有关办事机构担任重要职务。

联合国教科文组织第28届世界遗产委员会会议在苏州召开，胡锦涛同志向大会发来贺辞，2004年

国际古迹遗址理事会第十五届大会在中国西安召开，2005年

国际古迹遗址理事会国际保护中心在中国西安成立，2006年

中国国家文物局、联合国教科文组织世界遗产中心、国际文物保护与修复研究中心、国际古迹遗址理事会在中国北京联合举办了东亚地区文物建筑保护理念与实践国际研讨会，2007年

金属与矿冶文化遗产保护研究国家文物局重点科研基地主办第六届国际冶金史大会，2008年

东亚地区结构彩画保护国际研讨会，2008 年

中德虚拟复原技术研讨会，搭建文化遗产保护领域数字化技术应用的国际交流平台，
2010 年

国际博物馆协会第 22 届大会暨第 25 届全体会议在上海召开，2010 年

梅建军当选为冶金史学会主席

郭旃当选国际古迹遗址理事会副主席

吕舟当选国际文化财产修复与研究中心理事会成员

第二部分　合作进行考古学研究

　　在考古学研究方面，我国考古工作者针对文明起源、农业起源、人类起源等国际考古界研究的热点，与多个国家开展系列合作，取得重要的学术进展。

考古年代学方面开展的研究合作

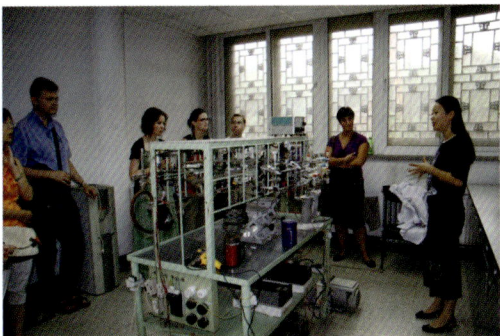

中外学者交流

中国学者访问东京大学碳十四实验室

动植物考古国家文物局重点科研基地开展的国际合作

中美两国学者考察湖南野生稻

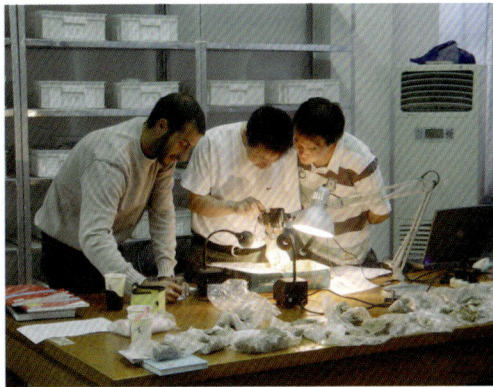

中法两国学者一起研究猪牙

中美玉蟾岩遗址发掘和稻作农业起源研究

　　北京大学考古文博学院、湖南省文物考古研究所和美国哈佛大学合作发掘了湖南道县玉蟾岩遗址。玉蟾岩遗址是华南地区旧石器时代晚期至新石器时代早期过渡阶段的重要遗址，也是探讨南方稻作文化起源的重要遗址，该项发掘受到了国内外学术界的广泛关注。

中美合作湖南道县玉蟾岩考古项目

学术交流

现场模拟试验分析

中美合作成都平原新石器时代聚落调查与研究

　　中美合作开展的成都平原新石器时代聚落调查与研究，得到了国内外学术界的广泛关注。该项目 的主要参与单位有：北京大学考古文博学院，成都市博物院，加州大学洛杉矶分校，哈佛大学，圣路易斯华盛顿大学。

2009 年调查组部分成员

地表调查并附加地下勘探调查取样

磁力计进行物理勘探调查

通过地质勘探调查取样

第三部分　合作保护文化遗产

　　在文物科技保护方面，中方专业技术人员更加注重提高科技含量和学术水平，重在通过合作把握世界文物保护的前沿研究方向，应用文物保护的最新成果。

　　广泛对外合作为中国文物、博物馆工作者了解世界前沿理论，丰富研究内容，提高研究层次和工作水平，扩大中国文物保护在世界的影响并提高国际地位产生了积极作用。

敦煌研究院与国际专业机构开展的国际合作

　　针对壁画文物对稳定环境的较高要求和游客大量进入洞窟参观的实际状况，敦煌研究院与美国盖蒂研究所合作开展的莫高窟游客承载量研究，是一个集石窟管理、游客参观环境、洞窟壁画病害变化程度等多种因素的保护管理综合研究项目。研究院与日本东京文化财研究所合作开展的壁画无损调查研究，通过采用显微镜、可见光谱、X荧光的无损分析，发现了新的壁画绘画工艺和技法，对莫高窟含铅颜料进行铅同位素比值分析，丰富了古代壁画颜料的分析手段。

游客承载量调查

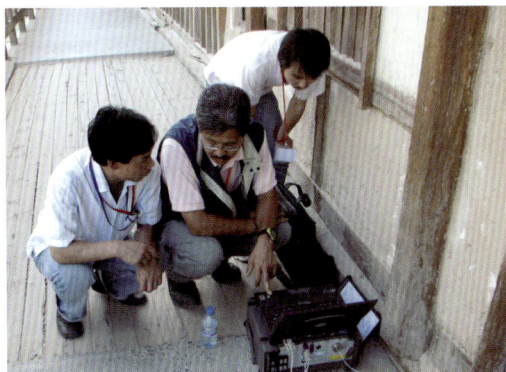

空气交换实验

安装二氧化碳探测传感器

中德开展安岳石窟保护项目

　　中国文化遗产研究院、四川省文物局与德国慕尼黑工业大学合作开展了四川安岳石窟保护项目。此项目完成了对安岳石窟圆觉洞三维扫描技术测绘和地质勘察工作，并开展岩石各种性能指标的试验分析、地质条件分析及保护状况评估，加固材料的试验研究，形成安岳石窟圆觉洞地质条件及病害研究报告等成果。

中美德共同开展水陆庵彩绘泥塑保护项目

西安文物保护中心与德国慕尼黑大学合作开展的陕西蓝田水陆庵彩绘泥塑保护研究项目，针对彩绘泥塑文物存在的不同类型的病害，研究和确定病害治理的材料、配方和措施。并与美国西北大学合作开展了三维扫描及数字化图像制作技术在蓝田水陆庵的应用研究，运用计算机技术对精美泥塑进行了高清晰度数字化图像存储和使用。

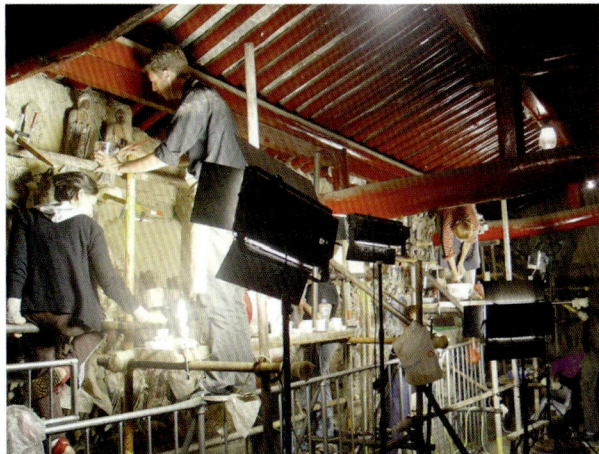

水陆庵西壁彩绘泥塑保护修复处理

实验室效果评估

现场效果评估

现场效果评估

制作抗拉实验模块

现场修复处理

中日合作开展唐陵石刻保护修复项目

本项目以唐顺陵石刻为保护的主要对象。通过对石刻考古调查、石刻保护、石刻周边环境等方面的研究，项目组制定出了详细的科学保护和环境整治方案，同时对重点石刻实施保护修复和环境整治工作，形成了一整套石刻保护的技术方法。

顺陵石刻现场调查

乾陵石人保护前后对比

表面防护处理后的藩王像

中日唐陵石刻调查

乾陵石刻的裂隙加固与保护

中美合作开展故宫倦勤斋室内装修保护工程

　　故宫博物院倦勤斋室内装修保护项目是一个国际合作保护中国传统装饰艺术的经典案例，中方专家与美国盖蒂保护研究所、史密森尼研究院、美国特拉华大学艺术品保护系，经过精心工作，成功完成了对倦勤斋建筑内外相关艺术品与装饰文物的保护，对于清代室内装修工艺的发掘和恢复方面具有开创意义。

中德合作保护李倕冠饰

　　2002 年出土的唐高祖李渊第五代孙女李倕的冠饰等具有极高的考古学和古代工艺研究价值。2006 年至 2009 年，陕西省考古研究院与德国美因兹罗马 – 日尔曼中央博物馆合作开展了对这批珍贵文物的保护修复工作，成为目前世界上唯一一组得以复原的唐代妇女身体饰件。

德国专家进行清理工作

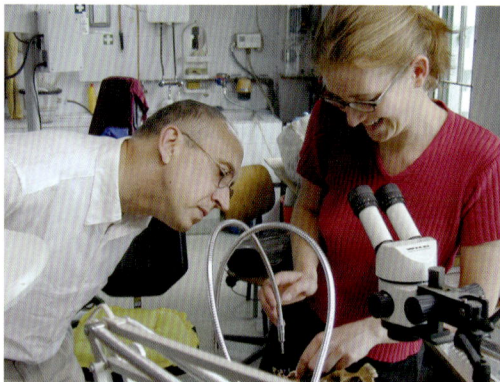

中德保护专家一起工作

李倕墓发掘现场

李倕冠饰清理过程照相记录之一

李倕冠饰
陕西省考古研究院藏

第四部分　合作培养保护人才

　　知识无国界，文化遗产的保护科技应为全人类所用。一项项科技考古、壁画保护、文物保护修复人员培训等合作项目的实施，大大提高了我国文化遗产保护的科技水平。

国家文物局与联合国教科文组织 ICCROM 合作举办博物馆藏品预防性保护培训

博物馆藏品风险防范培训班研讨教学

亚太地区博物馆藏品预防性保护培训结业合影

中意合作文物保护修复培训项目

中国文化遗产研究院承担了中意合作培训项目和中日韩丝绸之路保护培训项目，学员遍及31个省级行政区及东南亚、非洲、欧洲、中东等10余个国家和地区翻译出版《文物保护修复理论》、《文物保护修复与问题（卷1~4）》等专著，2010年10月，在北京举行了中意文化遗产保护成果展。

河南洛阳龙门石窟实习现场

现场指导

意大利教授演示激光清洗操作技术

纸质文物保护修复教学

中日韩合作丝绸之路沿线文物保护修复技术人员培养计划

日方教员课堂教学—博物馆展示

土遗址保护

中国文化遗产研究院与盖蒂保护研究所的培训

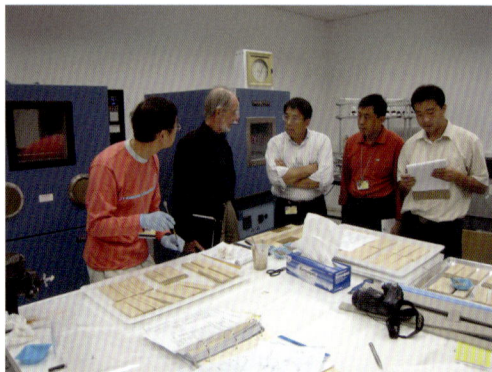

法国国家遗产学院等机构合作培养高层次博物馆管理和技术人员

亚非文化遗产保护官员培训班

阿拉伯地区文物修复技术人员培训班

第五部分　登上世界的舞台

中国文物保护工作者积极走出国门，与有关国家开展考古研究和古建修缮工程。中国与肯尼亚开展了合作考古研究，援助柬埔寨开展世界遗产吴哥窟的保护工程，援助蒙古国开展博格达汗宫的修缮工作。为世界文物保护和研究做出了贡献，赢得了良好声誉。

中国政府援助柬埔寨吴哥古迹保护工程

在成功进行周萨神庙保护的基础上，中国文化遗产研究院继续开展了茶胶寺综合保护项目，组织多学科专家共同参与，开展系统科学的调查和研究工作，为维修设计工作提供科学依据，主要包括：建筑测绘、调查与记录，地质勘察及建筑结构稳定性评价，考古调查与建筑历史研究，保护与修复技术研究等内容。

周萨神庙修复现场

修复后的周萨神庙中央圣殿

茶胶寺全貌

运用三维激光扫描技术对茶胶寺进行测绘与调查

利用高精度 GPS 对茶胶寺进行控制测量

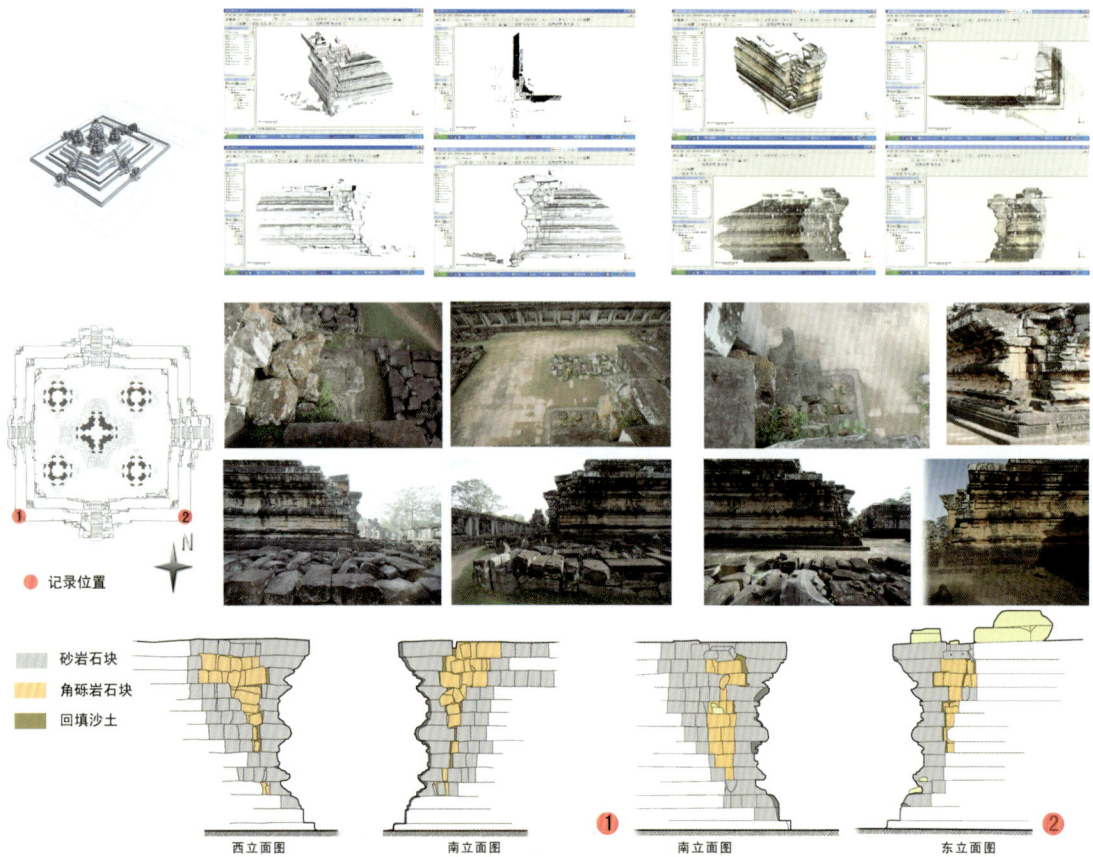

● 记录位置

砂岩石块

角砾岩石块

回填沙土

西立面图　　南立面图　　① 南立面图　　东立面图 ②

茶胶寺台基角部残损现状调查

中蒙合作项目——中国政府援助蒙古国博格达汗宫博物馆门前区古建维修工程

博格达汗宫博物馆门前区维修工程是中国与蒙古国文化交流的重要项目之一。2006年国家文物局委托西安文物保护修复中心具体负责组织与实施，勘查设计工作由西安文物保护修复中心和陕西省古建所共同承担。博格达汗宫博物馆作为项目实施的合作方共同参与。项目从2005年开始筹备策划，2006年5月实施，2007年10月胜利竣工，共完成大门、东西便门、旗杆、砖照壁等10个单体项目的整体维修和全部古建彩画的保护修复。

中蒙双方技术人员现场讨论方案

博格达宫修复现场

修复后的博格达汗宫

照壁剔补表面砖及内部灌注加固

彩画表层裂隙加固

中国和肯尼亚合作实施拉穆群岛地区考古项目

2010 年，由北京大学承担的拉穆群岛地区考古发掘项目启动，对肯尼亚共和国马林迪市周边地区的古代遗址进行考古发掘。2010 年的发掘是马林迪沿海地区迄今为止规模最大的一项考古工作，发现的古代遗存丰富多样，为研究马林迪王国的历史提供了全新的材料。

中国专家和肯尼亚国立博物馆沿海考古部主任 Kiriama 划定地层

清理出土文物

"肯尼亚拉穆群岛及周边海域考古"前期调查

中肯联合考古队队员鉴别文化层

第五单元　文明的传承——文化遗产价值的挖掘与传播

　　为了深入挖掘我国文化遗产的价值，传播和传承我国优秀传统文化、复兴民族创新精神，2006 年国家文物局在中央各有关部门的鼎力支持和协助下组织开展"指南针计划"专项。

　　与此同时，随着政府对博物馆建设的投入明显增加，计算机、网络及影像技术的迅速提高，数字展示传播技术得到越来越广泛的应用，大大推进了博物馆事业"三贴近"，增强了陈列展览的学术性、知识性、趣味性、观赏性，提高了国民文化素质，促进了社会经济的发展。

第一部分 "指南针计划"——中国古代发明创造的价值挖掘与展示

　　"十一五"期间，在中宣部、教育部、科技部、财政部、文化部、国家文物局，中国科学院、中国工程院、中国社会科学院、中国科协等有关单位的共同努力下，编制完成了"指南针计划"专项规划及项目库，系统梳理了已有研究成果和相关文物史料，采用多学科交叉渗透、多重证据相互印证的方法，围绕青铜器、陶瓷、纺织品、水利工程、盐业、营造人居环境和造纸印刷等8个领域完成了一批重点项目，并通过举办展览，建设门户网站、出版科普读物、"指南针计划"进校园等多种形式，推动了最新研究成果的快速传播，取得了可喜的阶段性成果。

指南针计划官方网站首页

指南针计划官方网站体验中心

古代造纸和印刷发明创造体验教室

　　以古代造纸印刷术为重点，指南针计划在上海市虹口区的15所学校开展了古代发明创造体验教室试点项目。"体验教室"针对不同年龄学生的特点，设计制作了配套教具、课本和网站。

教学培训

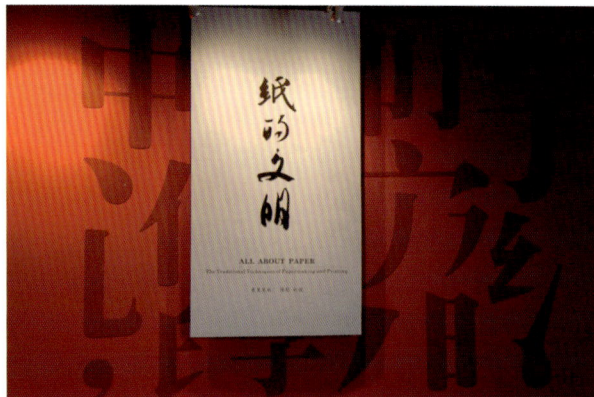

　　为配合"体验教室"试点工作的进行，"纸的文明"大型专题展览在上海世博会期间举办，宣传展示"指南针计划"在造纸、印刷方面的研究成果。

东周纺织织造技术挖掘与展示

"指南针计划"试点项目"东周纺织织造技术挖掘与展示"以考古发现（江西靖安李洲坳东周墓等）的纺织品为主要研究对象，通过科学分析测试研究了出土纺织品的纤维原料和组织结构，通过技术复原深入进行了纺织织造技术的研究，探索了东周出现提花机型的可能性，重现了当时精湛的织造工艺，成功复制了若干件复制难度很高的织锦和编织物，并以考古资料为依据复制了原始织机。

靖安李洲坳东周墓

棺底结构（由北往南）

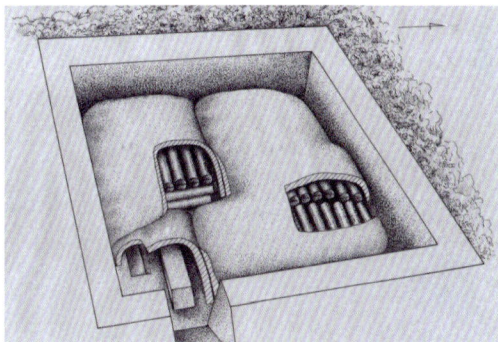

靖安李洲坳东周墓

墓底分区示意图（由东往西）

2006年底在江西省靖安县李洲坳发现了一座东周时期的大型土墩墓，2007年进行了发掘。一坑共有47具木棺，其中1具为主棺，46具为陪葬棺。出土的随葬品有铜器、玉器、金器、青瓷器、纺织品、竹器、漆器、木器等。其中纺织品的数量众多，品种丰富，保存状况良好，为中国纺织织造历史的研究提供了新资料。

靖安东周墓出土纺织纤维的研究

清理丝织品

纺织品、人类遗骸、竹木漆器等领域专家与江西省考古研究所科技人员研究清理方案

研究人员选择了考古中大量发现的东周时期纺织纤维进行研究。从纤维层面出发，采用形貌分析技术、光谱分析技术对东周时期出土的纺织纤维进行系统测试，并结合史料，对纤维类别、纤维利用等方面进行了研究，为认识东周时期的纺织原料提供了科学依据。

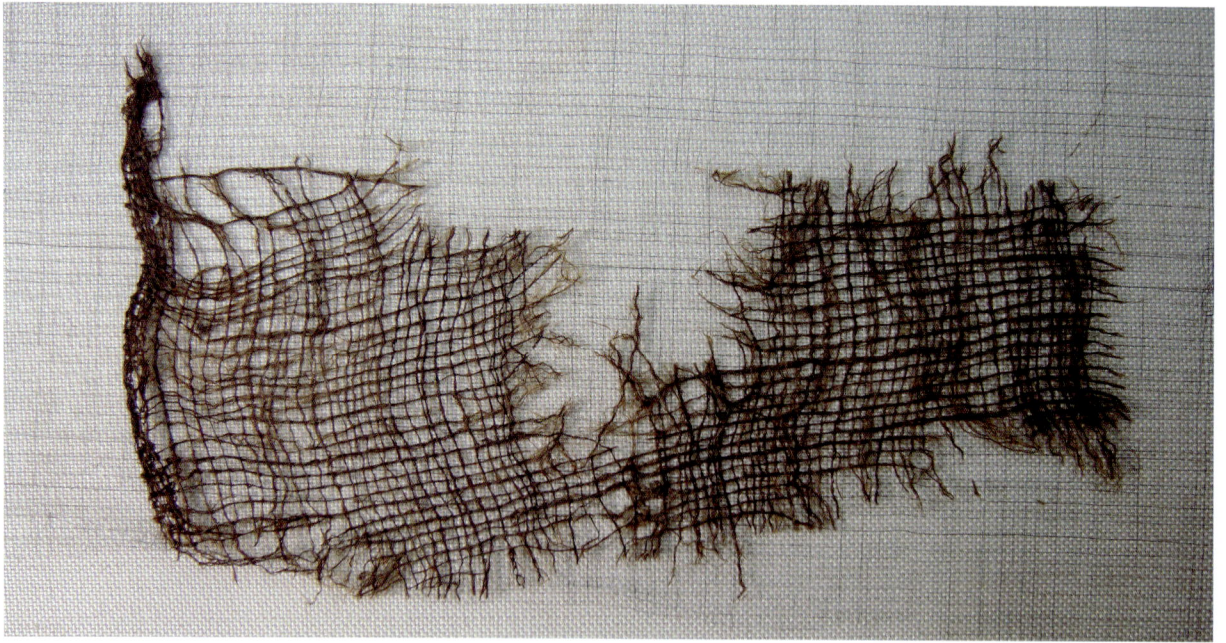

江西靖安李洲坳东周墓出土的方孔纱

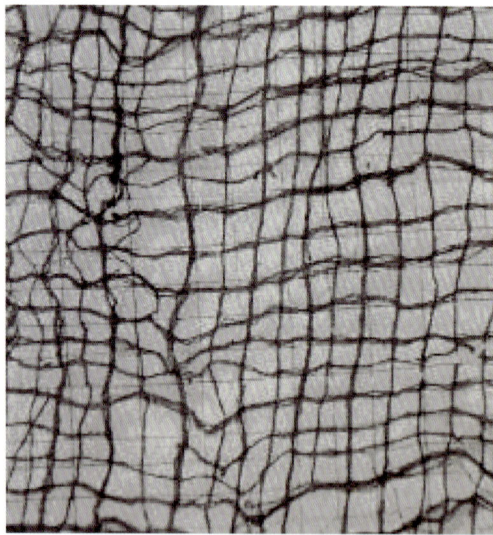

方孔纱局部放大照片，可见通透的方孔

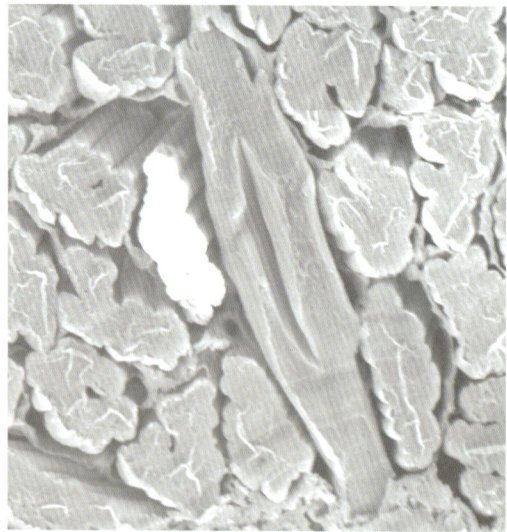

方孔纱纤维的截面图

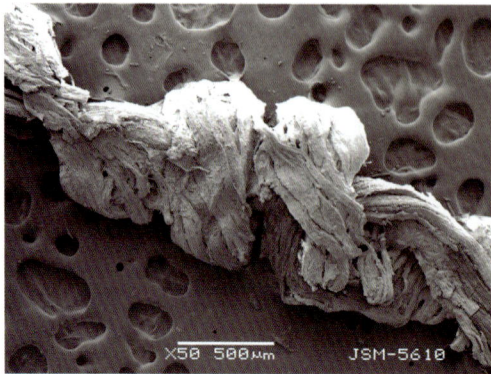

绩接点的电镜照片

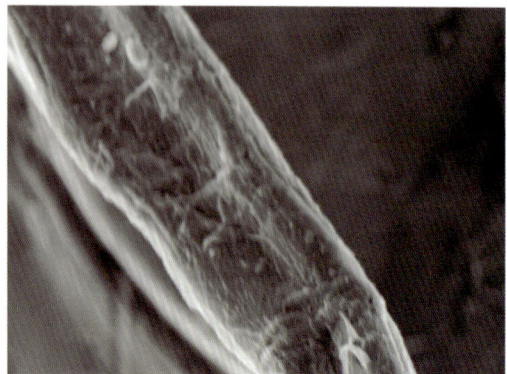

方孔纱纤维的纵向图

对龙对凤纹锦（复制品）

复原的多综多蹑织机

战国对龙对凤纹锦

　　此件织锦以湖南长沙左家塘出土的和中国丝绸博物馆收藏的战国对龙对凤纹锦为对象进行复原研究。研究中特别探索了当时采用多综多蹑织机的可行性及其相应的织造技术，并运用这一技术成功复原了对龙对凤纹锦。

条形几何纹锦（复制品）

　　条形几何纹锦出土于江西靖安李洲坳东周墓。对于较为简单的、组织结构较为特殊的条形几何纹锦，研究人员创新地探索了一种以手工挑花为主的织造技术，这一系列不同层次的技术也证明，东周时期是中国织锦技术迅速发展和逐渐定型的时期。

复制条形几何纹锦的织机

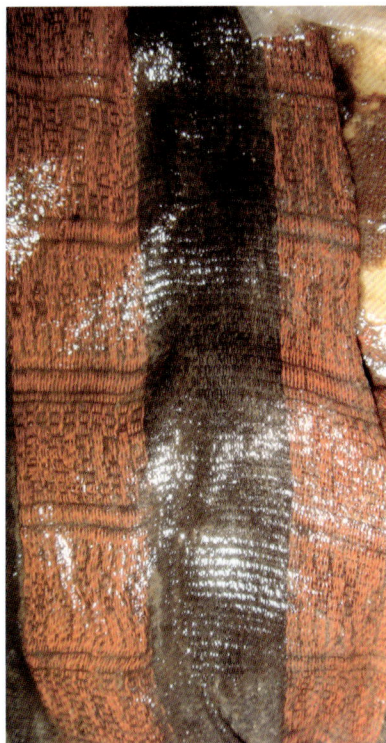

条形几何纹锦出土时的状况

狩猎纹锦（复制品）

江西靖安李洲坳东周墓六号棺狩猎纹锦出土时的状况

用于复制狩猎纹锦的提花织机

　　狩猎纹锦出土于江西靖安李洲坳东周墓6号棺，属二重平纹经显花织锦，颜色鲜艳，图案清晰，织纹细密，最令人称奇的是经密高达240根／厘米，是目前发现的最高经密的经锦。经向密度越高，织造难度也越高。研究人员经反复探讨终于找到了解决高经密问题的关键，通过科学配置经纬线的粗细与密度，巧妙应用综片的程序运动，织造出简单却又生动的图案，实现了技术与艺术的完美结合。

古代夹缬工具与技术复原

夹缬是中国古代丝绸印染技术的最高峰,其产生与发展与中国的雕版印刷术密不可分。"指南针计划"试点项目"古代夹缬工具与技术复原"全面收集夹缬文物以及相关史料,形成数据库;通过对文物的科学测试,进行复制研究,复原各种类型的夹缬工艺,认清其创造发明原理,挖掘其历史价值;在研究的基础上制作网站,编写科普作品,并将夹缬工艺进行展示。

云雁纹夹缬(复制品)及雕版

明代瓜果纹夹缬(复制品)及雕版

夹缬是中国传统的"三缬"（绞缬、蜡缬、夹缬）之一。据《唐语林》载，夹缬发明于盛唐时期，是一种利用对称的雕板夹持织物进行染色，并染出预定图案的一种纺染印花工艺。夹缬在唐宋之际达到极盛，并通过丝绸之路传入日本和中亚地区，至明清时期衰落。目前在我国浙江南部和西藏地区仍有蓝白夹缬和五彩夹缬工艺流传。

夹缬工艺流程

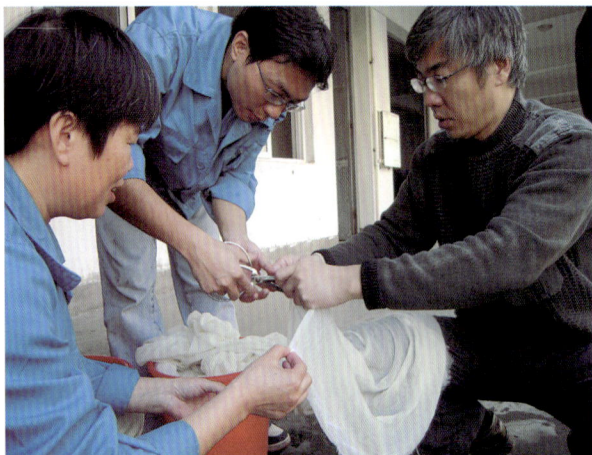

准备

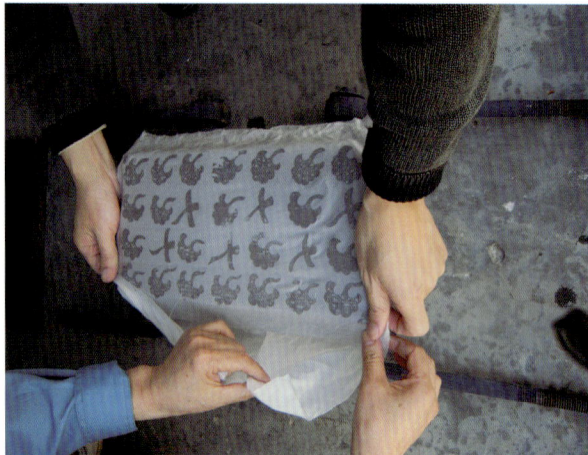

铺板

夹板

卸版

商周青铜器陶范铸造技术

运用最新科学和技术手段，结合相关青铜器和文献，科研项目组对商周青铜器陶范铸造技术进行科学调查整理，揭示出其中蕴含的发明创造因素；综合运用文字、图形、图像、扫描测绘、数字处理等多种技术建立陶范数据库模型，形成基于出土陶范的古代陶范铸造技术的数字化展示平台，举办"模范 · 中国——商周青铜器的形制、技法与纹样"展览。

陶范
春秋
山西省侯马市出土
山西省考古研究所藏

青铜扁壶
战国
北京大学赛克勒考古与艺术博物馆藏

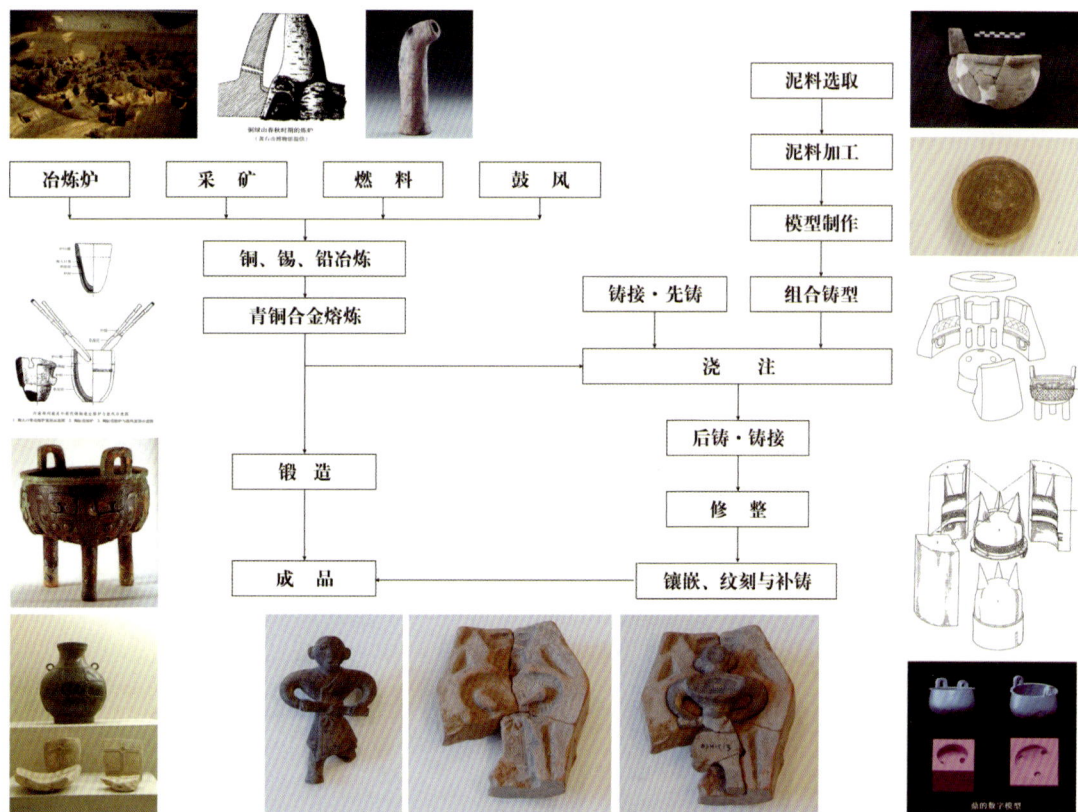

商周青铜器制作流程图

"模范·中国——商周青铜器的形制、技法与纹样"展览现场

"模范·中国"展开幕式

铸造专家参观展览

中国古代生铁发明创造价值挖掘与展示

　　结合国内文物考古新发现和研究新进展，通过冶铁遗址调查、实验室分析，运用历史文献调研、考古测年和理化分析检测方法，对生铁技术的起源及其发展进行了系统的研究，初步探讨了中国生铁与生铁制钢技术的传播与交流，研究了古代生铁冶炼技术对农业生产、军事技术、饮食生活、宗教文化、社会组织等方面的影响，进而阐明了生铁与生铁制钢技术发明创造对中华文明及人类文明发展的贡献，并通过国际学术交流活动、学生社会实践宣传、图片展览等多种形式，加强中国古代生铁文化的宣传展示。

铁锭
汉代
山东省章丘东平陵遗址出土
北京大学赛克勒考古与艺术博物馆藏

铁锭和铁板的金相组织照片

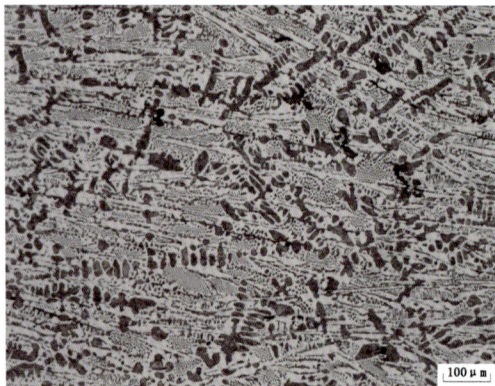

白口铁

共析钢

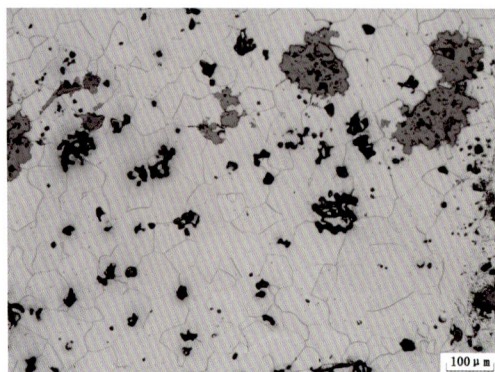

熟铁

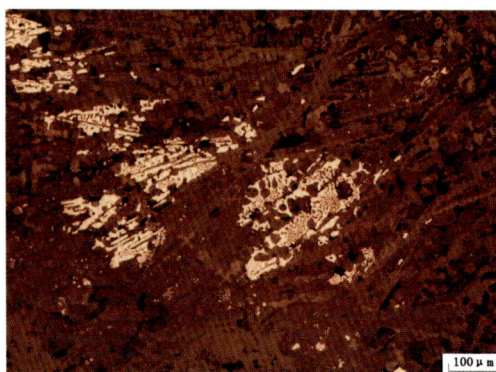

亚共晶白口铁组织

铁镰刀

金相组织（脱碳铸铁）
　　芯部保留生铁组织，有球状石墨，边部为铁素铁组织，中间过渡部分为珠光体＋铁素体组织

河北东黑山遗址出土铁器及其金相组织（脱碳铸铁组织）

安徽淮北相城冶铁遗址及出土遗物分析

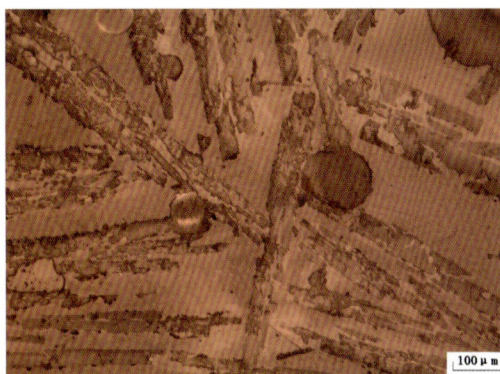

炉渣的显微组织

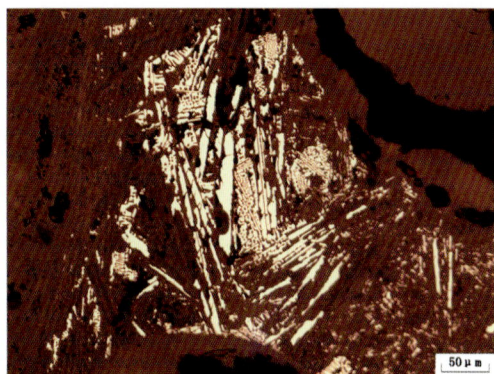

过共晶白口铁组织

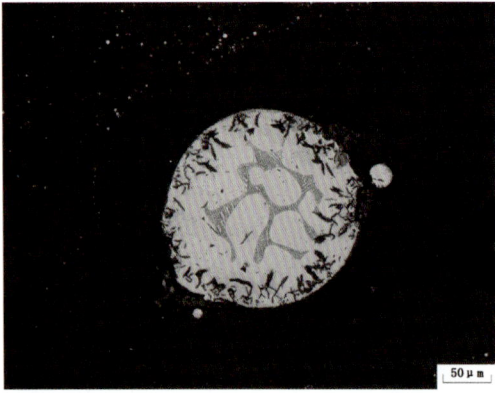

玻璃态炉渣基体上的铁颗粒

新发现的辽宋时期冶铁炉——河南焦作麦秸河冶铁炉

铸铁中国—古代钢铁技术发明创造展

新发现的辽宋时期冶铁炉——延庆水泉沟冶铁炉

中英冶金考古暑期研习班暨古代生铁国际学术研讨会

中国古代大型铁质文物调研团队成员在测量一座铁钟

中国古代大型铁质文物调研团——保护铁器文物签名活动

中国古代白瓷、青花瓷的科学价值挖掘

"指南针计划"通过对河南巩义窑和福建德化窑白瓷的系统研究，初步解决了中国古陶瓷发展史中三个重要的问题——白瓷的起源与发展、青花瓷的诞生、德化窑白瓷的物理化学基础及演变规律；本研究还规范了标准参考样品的制备、标准测试方法、古陶瓷物理性能测试方法，进一步完善了中国古陶瓷综合信息数据库。

明晚期德化窑"何朝宗"款白釉达摩立像

白瓷是中国传统瓷器分类（青瓷，白瓷，青花瓷，彩瓷）的一种。以含铁量低的瓷坯，施以纯净的透明釉烧制而成。白瓷始于东汉，盛于唐代。

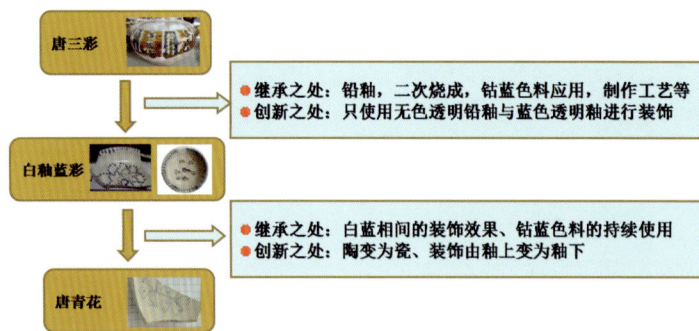

- 继承之处：铅釉，二次烧成，钴蓝色料应用，制作工艺等
- 创新之处：只使用无色透明铅釉与蓝色透明釉进行装饰

- 继承之处：白蓝相间的装饰效果、钴蓝色料的持续使用
- 创新之处：陶变为瓷、装饰由釉上变为釉下

唐青花形成：综合巩义窑唐青花的演变过程，可以看出唐青花是由唐三彩经白釉蓝彩演变而来的

古陶瓷数据库

黄瓦窑琉璃制作工艺科学揭示与展示

"指南针计划"揭示了辽宁鞍山黄瓦窑琉璃构件传统制作工艺的科学价值，研发出体现核心价值的多媒体数字化展示系统，并将其应用于鞍山市博物馆新馆的黄瓦窑专题展览，图片与实物展品相配合，构成全面反映黄瓦窑价值的展陈体系。

黄瓦窑遗址

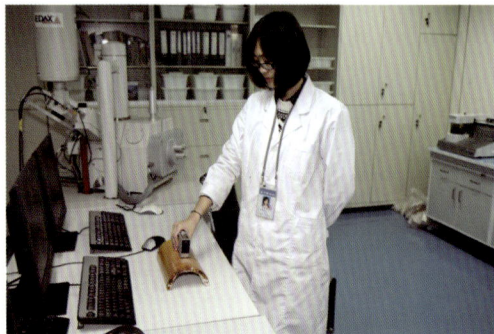

研究人员在测量琉璃瓦釉面的光泽度

釉色	PbO₂	SiO₂	Na₂O	MgO	Al₂O₃	K₂O	CaO	TiO₂	MnO	Fe₂O₃	CoO	CuO	SnO₂	Ni₂O₃
黄	57.47	33.17	0.27	0.28	4.09	0.80	0.53	0.22	/	2.93	/	/	/	/
黄	59.76	32.95	0.24	0.22	2.56	0.33	0.64	0.15	/	2.91	/	/	/	/
绿	63.76	30.77	0.40	0.30	1.27	0.24	0.56	0.08	0.02	0.44	/	2.18	/	/
绿	63.57	31.18	0.34	0.29	1.07	0.22	0.56	0.04	0.03	0.34	/	2.37	/	/
黑	50.01	37.37	0.48	0.47	4.33	0.58	0.74	0.17	0.82	2.46	2.47	/	0.07	/
黑	49.61	36.23	0.72	0.66	5.63	0.88	0.72	0.21	0.81	2.34	2.04	/	0.13	/
蓝	9.53	68.92	0.75	0.71	2.77	10.49	1.45	0.00	0.33	1.53	1.04	0.18	/	0.35
蓝	15.89	63.03	0.46	0.61	2.03	11.26	2.26	0.10	0.56	1.56	1.03	0.25	/	0.27

釉色与釉料组成

第二部分　数字技术与文化遗产保护

　　数字技术的突飞猛进，大大促进了文化遗产保护、展示和传播思路手段的不断更新，技术应用也愈来愈加广泛深入。近些年来，全国文物博物馆单位在数字化技术应用方面取得了丰硕的成果，如故宫博物院、敦煌研究院、首都博物馆在数字技术、网络技术的综合应用方面成效显著；古建筑知识库系统的构建初见规模；文化遗产的数字化展示和传播技术不断有新的突破。不难预见，数字技术的快速进步和发展，将为文化遗产保护领域的不断创新提供强大有力的技术支撑。

故宫博物院数字化展示与传播

　　为强化故宫博物院的开放服务以及教育职能，适应现代社会对传统文化信息的需求，加深公众对紫禁城文化遗产的理解，故宫博物院整合各种先进数字技术，搭建起以观众体验为核心的大型文化展示信息平台。它以故宫博物院丰厚的文化资源为基础，以各种数字化媒体展示和传播手段为媒介，全方位组织实施各种有针对性、有创造性的文化展示项目，以满足不同文化背景、不同年龄阶段的观众需求。借助这一文化展示平台，让从未到过故宫的人们知道故宫，让来到故宫的人们认识故宫，让参观古建和藏品的观众了解故宫。

故宫博物院官方网站

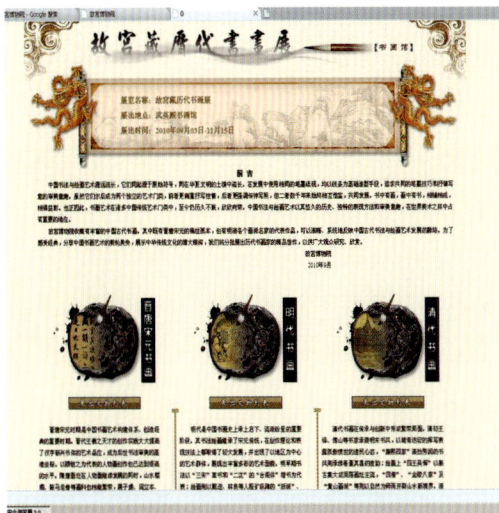

武英殿书画馆电子展示系统（单机版）

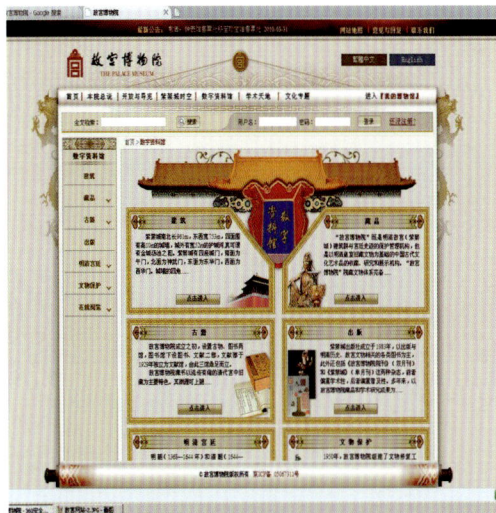

"数字故宫"体验馆

首都博物馆数字展示与传播

首都博物馆的数字展示传播工作是与首都博物馆新馆建设同步进行、统筹规划、统一实施的。充分考虑与展览的紧密结合，强调以适合的技术手段生动直观地展示抽象、复杂的历史文化知识，强调观众的现场体验和亲身参与；充分重视网络空间的知识传播。首博是国内第一家设立少儿版网站的博物馆。而且，首都博物馆的数字展示传播项目内容丰富，与实体展览共同构成了首博知识传播框架。

首都博物馆网站少儿版

《物华天宝——三维文物精品鉴赏》互动项目

网上数字首博展馆

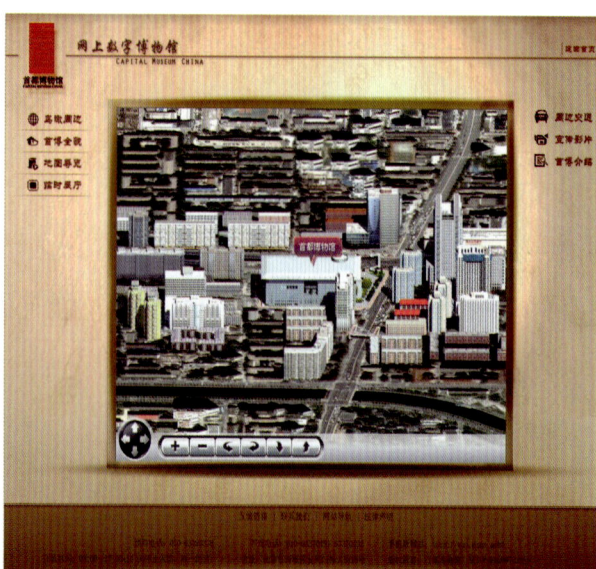

古代建筑保护知识库建设

　　我国现存古代建筑风格多样，具有极高的历史、艺术和科学价值，其保护和修复是古建筑领域的重中之重。如何将计算机技术与当前古代建筑保护和修复任务紧密结合，为古建筑保护和修复工作者提供便利的辅助工具，为古建筑爱好者提供学习交流的平台，是一个亟待解决的难题。

　　湖南省博物馆联合中国科学院自动化研究所和西安交通大学等科研院所及高校，开展了"十一五"国家科技支撑计划"古代建筑保护技术信息系统研发"及"古代建筑虚拟修复及 WEB 表现技术研究"课题，横跨古代建筑保护、计算机科学、计算机图形学、网络技术、人工智能等多个领域，通过知识库概念和相关技术的应用，构建古建筑保护知识库系统，对古代建筑保护中丰富的专业知识资料进行有效管理，并服务于古建筑的保护和知识传播。

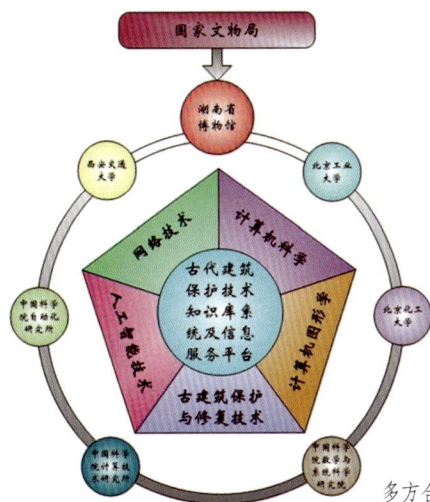

多方合作的跨学科课题

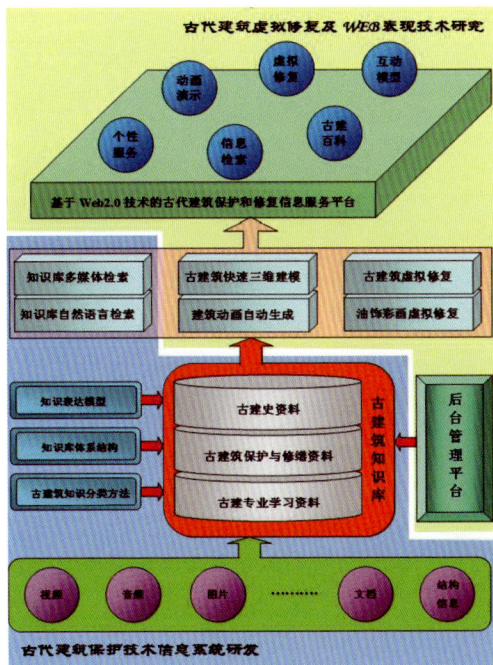

古代建筑虚拟修复及 web 表现技术研究

古代建筑保护信息服务平台统合了该课题所有研究成果，并增加了知识搜索、RSS 文档摘要、古建筑百科、博客等个性化功能。

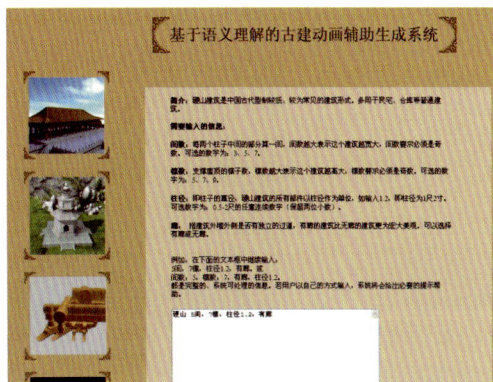

　　"古代建筑保护技术信息系统研发"课题着重解决古代建筑保护领域的信息整合、表达以及检索问题，利用构建大型知识库的方法为信息服务平台提供支撑。"古代建筑虚拟修复及 WEB 表现技术研究"课题以古代建筑知识库为基础，结合修复技术、三维建模技术、图像技术、动画技术，为用户提供动画演示、虚拟修复、模型互动等特色功能，并通过"古代建筑保护和修复信息服务平台"加以展现。

　　古代建筑保护信息服务平台的自然语言检索系统通过将自然语言检索条件语句分解为专业词汇和语义词汇，让用户不会因技术门槛而无法使用查询功能。

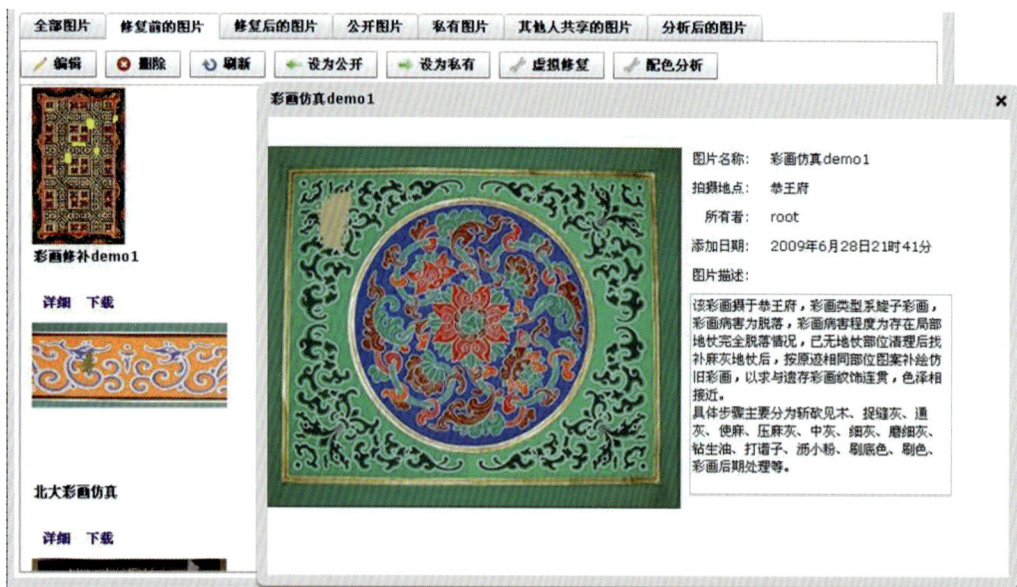

古代建筑保护信息服务平台的油饰彩画虚拟修复系统从视频、图片和文字三方面，生动直观地展示出油饰彩画工程的各个具体流程；同时也能在用户输入缺损彩画后，对缺损部位进行标定，自动实现虚拟修补过程。

古代建筑保护信息服务平台的多媒体知识检索系统可以智能分析客户上传样品图片，返回知识库与样品具有相同特征的图片。

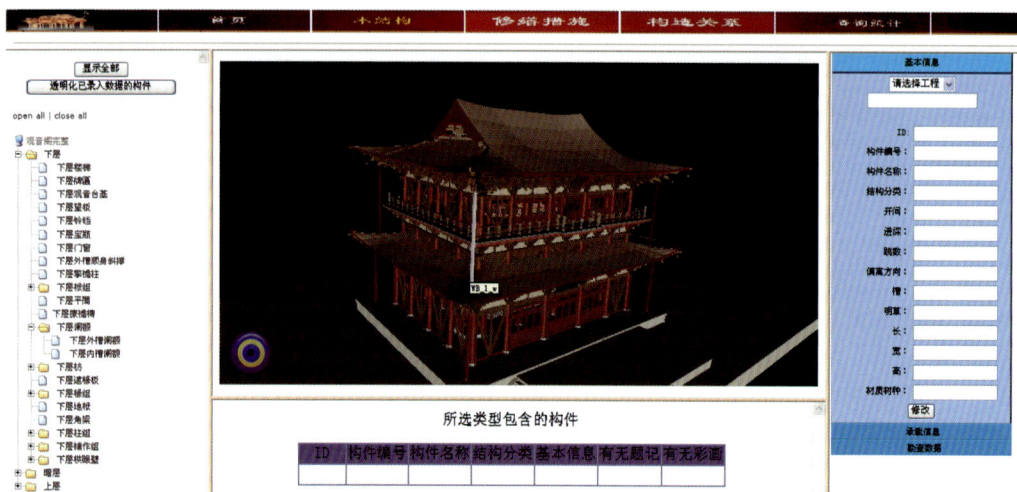

古代建筑保护信息服务平台的木结构古建筑虚拟修复系统支持不断添加新的古建筑维修工程项目，能管理大量具有很大实用价值的数据信息，为公众学习提供参考。

古代建筑保护信息服务平台的古建筑快速三维建模软件系统利用基于图像特点的自动提取与匹配原形，能将一组对象相同而角度不同的照片转化为该对象的三维模型。

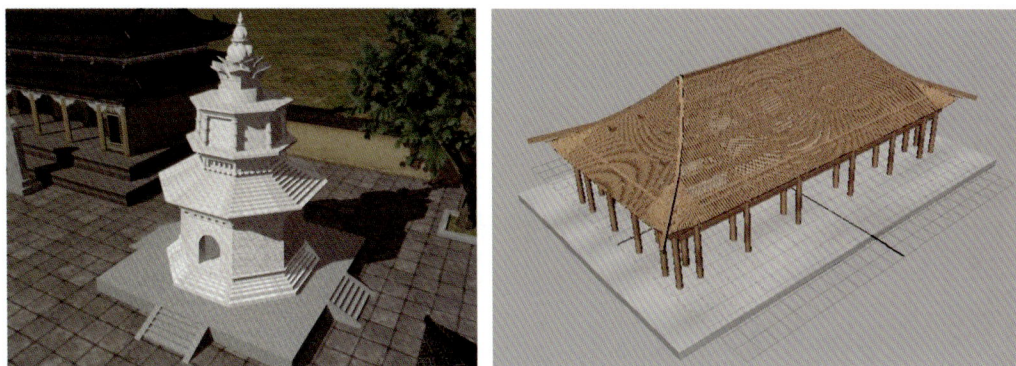

古建筑三维动画辅助生成系统能理解用户以自然语言表达的生成条件，将其转化为古建筑的建造过程动画。

圆明园大水法遗址增强现实遗址复原观景技术

增强现实遗址复原观景器在遗址现场实地实时地为使用者呈现遗址现状与原貌虚实融合的景象，给观看者带来新的感官体验，留下更加深刻的印象。为遗址保护和有效宣传提供建设性的保护方式，希望能够提高遗址的观赏度和美誉度，促进与遗址文化相关的旅游，提高人们保护遗址，尊重遗址的意识。

文化遗产保护科学与技术——电子杂志

电子杂志作为信息化时代孕育出现的一种传播媒体，虽脱胎于传统期刊形式，但在日新月异的数字化和网络技术的支撑下，以其信息承载量大、信息形式多样、传播面广且快捷，迅速成为媒体传播领域和读者颇为推崇的新兴读物。《文化遗产保护科学与技术》电子杂志即是在这样的背景下，为广大文化遗产保护工作者和热爱文化遗产保护事业的社会公众推出的。此次为观众选取了四本专刊进行展示，内容包括《古代瓷器制作术》《遗址保护与展示》《世界博览》《古代青铜铸造术》。它以丰富的图文信息、新颖富有现代感的版面设计、打破传统时空观念的阅读形式呈现在读者面前。

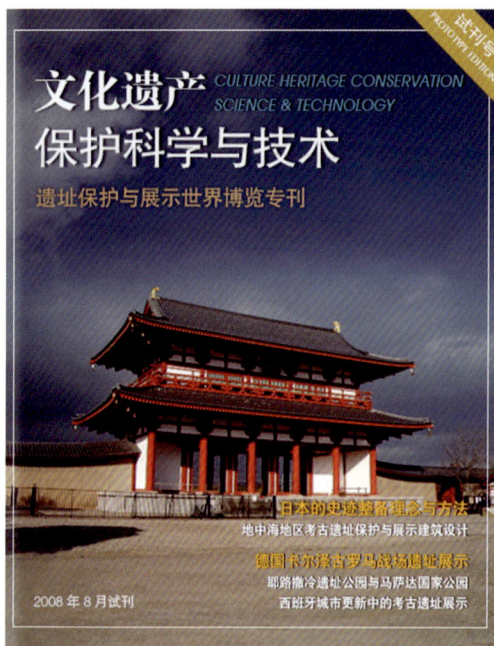

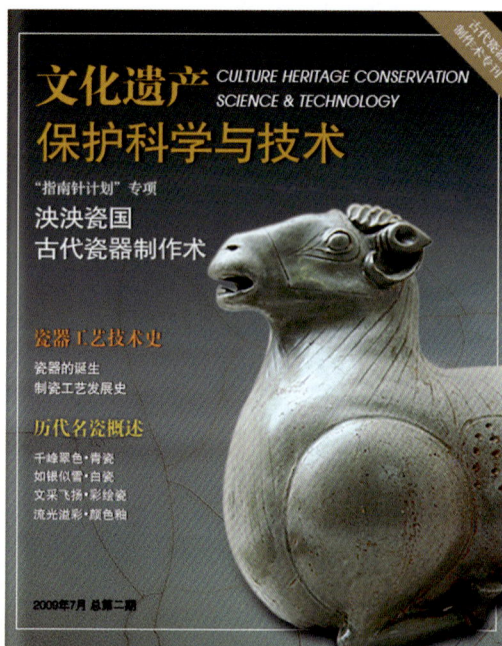

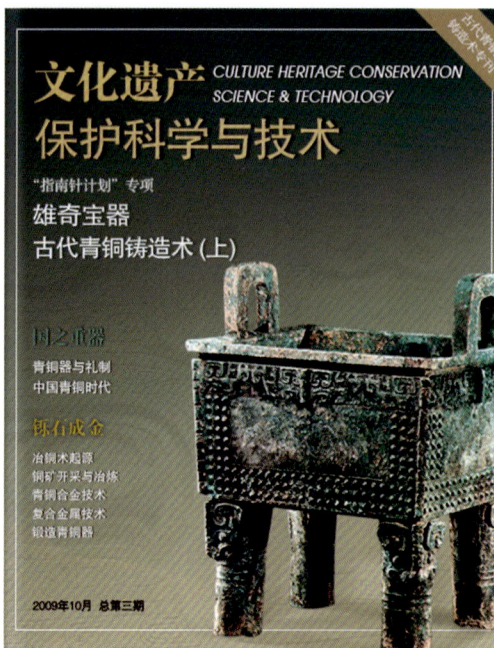

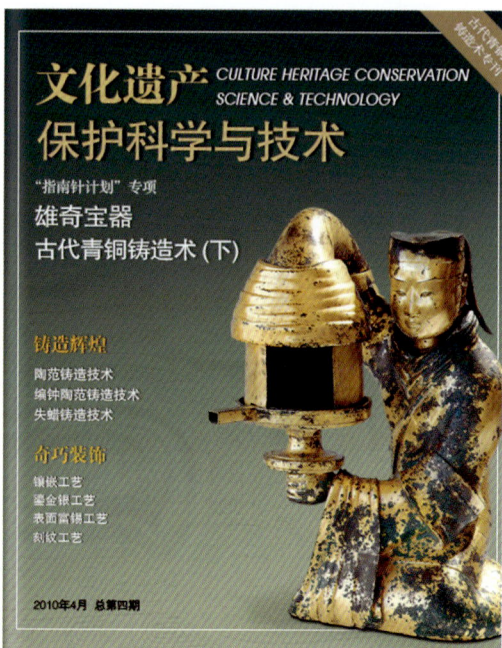

敦煌莫高窟数字化展示与传播

　　敦煌壁画的数字化工作，实现了高精度、色彩逼真的数字壁画的获取、存储及处理，目的是利用计算机数字化技术永久地、高保真地保存敦煌壁画彩塑的珍贵资料，满足观众研究与观赏的需求；同时，将虚拟漫游技术结合进来，使每位游客都可以通过"虚拟"媒体体验，对洞窟有更加深入的体验；在实体洞窟之外的数字展示系统，将有效减少游客在洞窟参观时滞留的时间，提高游客接待能力，有效缓解洞窟保护和利用的矛盾，最终的目的是保护壁画。

莫高窟第 61 窟（原大数字复制莫高窟代表性壁画）

五台山图

五代

壁画原作尺寸：宽 13.45 米，高 3.42 米

展品尺寸：宽 13.45 米，高 3.42 米

数字摄影采样精度 150DPI，由 771 张照片拼接合成。采用宣纸原尺寸数字复制。

历史是一条奔流不息的长河，浸润我们的是灿烂辉煌的中华文明，感动我们的是中华民族永不停息的创造，让我们惊叹的是中华先民对艺术与技术完美结合孜孜不倦的追求。面对精美绝伦、无与伦比的历史文化遗产，我们肩负着保护传承的重任。

历经发展，我国文化遗产保护科技事业走过了辉煌的历程，基础条件日益改善、创新体系初步形成、科学研究硕果累累。国家主导社会参与的文化遗产保护的新格局初步形成。与此同时，也应清醒地看到，随着经济全球化趋势和现代化进程的加快、工业污染和环境恶化导致的文物自然侵蚀加速，我国的文化遗产及其生存环境受到严重威胁。盗窃、走私和非法交易文物的违法犯罪活动在一些地区还没有得到有效遏制。不少地区仍然存在文物保存环境简陋、科技基础条件落后和人才队伍发展较慢的问题。我国文化遗产保护仍面临着许多问题，形势严峻，不容乐观。

展望未来，文化遗产科技保护任重道远。让我们共同参与文化遗产保护，加强基础理论研究，不断推进科技创新，充分运用现代科学技术研究和保护文化遗产，妥善处理文化遗产保护、传承、利用和发展的关系，为推动经济、社会、文化和科技的协调发展做出更大的贡献。

展览支持单位

首都博物馆　书库

丁种　第贰拾贰部

百工千慧——中国文物保护科学和技术成果展

图书在版编目(GIP)数据

百工千慧：中国文物保护科学和技术成果展/ 国家文物局　首都博物馆编.—北京：文物出版社，2011.4

ISBN 978-7-5010-3068-2

Ⅰ.①中… Ⅱ.①首… Ⅲ.①科学技术—考古—中国—图录 Ⅳ.①K875.04-64

中国版本图书馆CIP数据核字(2010)第207859号

百工千慧
——中国文物保护科学和技术成果展

主办单位

国家文物局

协办单位

北京市文物局

承办单位

首都博物馆

展览日期

2010 年 12 月 14 日——2011 年 2 月 20 日

撰　稿

马清林　田辛酉　永昕群　刘　刚

齐　扬　杜　侃　祁庆国　陈建立

杭　侃　赵　丰　俞嘉馨　铁付德

徐怡涛　梁宏刚　龚德才　潘　路

穆红丽

（按姓氏笔画排列）

编　著	国家文物局	
	首都博物馆	
出版发行	文物出版社	
地　址	北京市东直门内北小街 2 号楼	
邮政编码	100007	
责任编辑	段书安　郭维富	
特约编辑	裴亚静　李吉光	
责任印制	陆　联	
印　刷	北京君升印刷有限公司	
经　销	新华书店	
开　本	889×1194　　1/16	
印　张	11	
版　次	2011 年 4 月第 1 版第 1 次印刷	
书　号	ISBN 978-7-5010-3068-2	
定　价	168 元	